AF505036

Alfredo Arribas
Seat-Pavillon, Wolfsburg

Texto / Text
Ralf Lange

Fotografías / Photographs
Frank Hülsbömer
Hisao Suzuki

Edition Axel Menges

Editor: Axel Menges

© 2002 Edition Axel Menges, Stuttgart/London
ISBN 3-930698-44-7

Reproducciones/Reproductions: Gábor Mocso-
noky, Budapest
Impresión/Printing: Druckhaus Münster GmbH,
Kornwestheim
Encuadernación/Binding: Großbuchbinderei
Fikentscher GmbH, Seeheim-Jugenheim

Traducción al inglés/Translation into English:
Michael Robinson
Traducción al español/Translation into Spanish:
Jordi Palou
Diseño/Design: Axel Menges

Contenido

Contents

Ralf Lange
El Pabellón Seat y la Autostadt

Volkswagen es Wolfsburg. Wolfsburg es Volkswagen. Y para mucha gente Volkswagen es todavía sinónimo del legendario «Beetle» o «escarabajo». La ciudad no sería nada sin la firma automovilística y su exitoso modelo, producido durante largo tiempo, para el que Wolfsburg fue literalmente creada de la nada durante los años del «milagro económico» tras la segunda guerra mundial. Naturalmente, esta ciudad a orillas del canal Mittelland tiene otras cosas que ofrecer: por ejemplo, un destacado museo de arte y algunos edificios importantes de Alvar Aalto y Hans Scharoun. Y hay también dos castillos: uno alberga las colecciones municipales y el otro está dedicado al poeta Heinrich Hoffmann, conocido como Von Fallersleben, autor de la letra del himno nacional alemán en 1841. Pero esto es casi la prehistoria o la historia antigua para un lugar como Wolfsburg. Esta es una ciudad joven y con la vista puesta en el futuro.

Wolfsburg no empezó a despuntar hasta después de 1945. De hecho, el «Beetle» había nacido antes de la guerra con el nombre de coche KDF (*Kraft durch Freude*, «la fuerza a través de la alegría», una consigna propagandística nacionalsocialista). Su objetivo era convertir en realidad el sueño del «hombre de la calle» de tener un automóvil. Esta es la razón última por la que el *Führer* hizo construir la red de autopistas. No obstante, las prioridades cambiaron con el estallido de la segunda guerra mundial. Cuando la primera fase de construcción de la planta concluyó en 1939, los únicos coches producidos fueron para la *Wehrmacht* (Fuerzas Armadas alemanas). Desde entonces, una gigantesca fachada de ladrillo de un kilómetro y medio de longitud ha flanqueado el canal Mittelland, como muestra de la típica caligrafía del periodo nacionalsocialista, monótona más que monumental, a pesar de las 21 escaleras que se proyectan expresivamente hacia fuera.

Como ya he dicho, sin embargo, esto es historia, y Volkswagen prefiere mantenerla en un segundo plano. (A quien pueda interesarle, se le remitirá discretamente a un monumento conmemorativo situado en otro lugar, en el propio museo de VW o ZeitHaus.) Y hoy sería realmente difícil identificar a Volkswagen sólo con uno de sus modelos, aunque fuera el «Beetle». La gama de productos que el grupo Volkswagen ofrece en la actualidad es enormemente diversa y compleja. Volkswagen AG incluye las marcas Seat, Skoda y Audi, pero también las marcas de lujo Lamborghini y Bentley, además de Scania, el fabricante sueco de vehículos industriales. Cada una de estas marcas cuenta con décadas de tradición propia. Por eso sería muy difícil reivindicar un sentimiento de identidad corporativa o sugerir que el grupo posee un perfil uniforme.

La Autostadt

¿Cómo se presenta ante el público un grupo de estas características? Volkswagen ha creado un parque temático del automóvil que hace justicia a las imágenes de marca de sus distintas filiales. El proyecto finalizó a tiempo para coincidir con la Expo 2000 en la vecina Hanover. Antiguamente, en este recinto de 25 hectáreas se almacenaba carbón en un lugar céntrico frente a la estación principal. En la actualidad, aproximadamente 3.500 visitantes pasan cada día por los ocho pabellones dedicados a las distintas marcas, en los que las compañías filiales presentan sus modelos, productos especiales y algunos prototipos al público en general. En el recinto se halla también el museo ZeitHaus, al que ya hemos hecho referencia, así como un hotel Ritz-Carlton de cinco estrellas, cafés y restaurantes y el KonzernForum. Este último edificio constituye el centro de acogida de la Autostadt: presenta una introducción a la filosofía de la empresa automovilística mediante una serie de proyecciones e incluye el AutoLab, una exposición sobre la fabricación y el control de calidad de los modelos de Volkswagen.

Naturalmente, aquí también pueden comprarse automóviles, o más bien coleccionarlos. Las AutoTürme, dos altas torres de cristal de casi 50 metros de altura, constituyen el símbolo de la Autostadt. Por estos dos silos pasan aproximadamente 1.000 coches cada día; en cualquier momento dado hay hasta 400 automóviles a la venta. Los compradores pueden llevarse personalmen te sus flamantes vehículos en el centro de atención al cliente que justo hay al lado. Comprar un coche se convierte así en un acontecimiento estilizado. Todo el mundo centra la atención en el momento en que uno de los emple-ados de Volkswagen conduce el coche hacia el gran vestíbulo del centro de atención al cliente, se dan explicaciones detalladas al nuevo propietario y finalmen te se le entrega el vehículo y la documentación pertinente.

Concepto y arquitectura

El plan general de la Autostadt fue trazado por Henn Architekten Ingenieure, de Munich, mientras que la arquitectura del paisaje fue confiada a Wehberg, Eppinger, Schmidtke & Partner, de Hamburgo. El conjunto se ha convertido en un paisaje acuático abierto al canal Mittelland, la arteria infraestructural de Wolfsburg. Los puentes conectan una serie de penínsulas cuidadosamente modeladas y configuran una atractiva ruta a través del parque. Varios embarcaderos con bolardos para amarrar embarcaciones crean un ambiente vacacional. Los visitantes pueden llegar navegando, si así lo desean. El objetivo es animar a la gente a pasear y a descubrir los distintos rincones del parque. Esto explica que no haya líneas visuales dominantes ni rutas de acceso centrales. Por el contrario, los senderos se pierden en el paisaje de un parque deliberadamente diseñado en pequeñas secciones, como una serie de islas rocosas en miniatura. El recinto cede la prioridad en todo momento a los peatones. Los coches no pueden circular fuera de los pabellones de exposición de acero y cristal. Y éstos tampoco se proyectan a un primer plano, sino que se disponen aparentemente al azar entre los montículos del parque.

Al oeste, el recinto expositivo limita con el hotel circular y el museo ZeitHaus, y al este con el complejo elíptico de atención al cliente. Al sur, choca directamente con el duro borde que presenta el paseo que hay frente al KonzernForum. La fachada de cristal de esta enorme entrada a la Autostadt da al centro de la ciudad, en un gesto arquitectónico completamente acertado y atractivo, mientras que una pasarela peatonal conecta directamente el Forum con el centro y la estación principal. Esta solución, sin embargo, presenta un claro inconveniente: la mayoría de visitantes llegan en coche y utilizan

1. Vista aérea de la Autostadt, Wolfsburg. (Fotografía: VW Fotozentrale.)
2, 3. Henn Architekten Ingenieure, KonzernForum, Autostadt, Wolfsburg. (Fotografía: Werner Huthmacher.)

1. Aerial view of the Autostadt, Wolfsburg. (Photo: VW Fotozentrale.)
2, 3. Henn Architekten Ingenieure, KonzernForum, Autostadt, Wolfsburg. (Photo: Werner Huthmacher.)

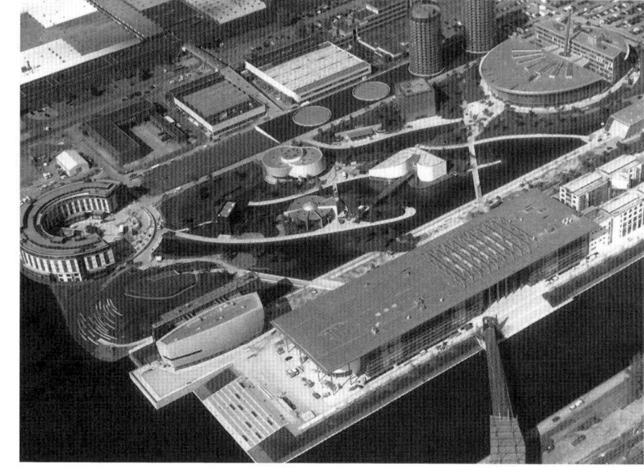

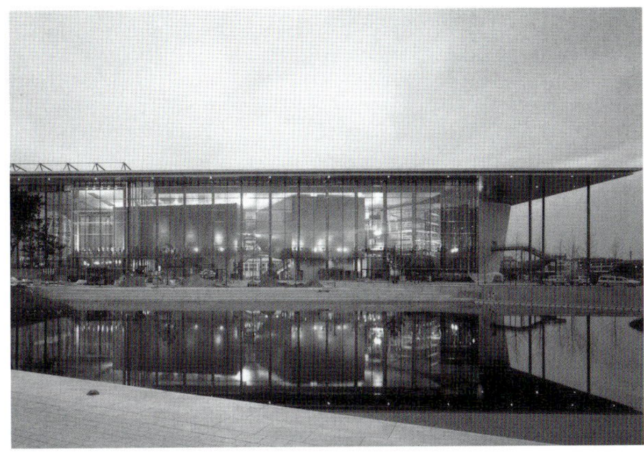

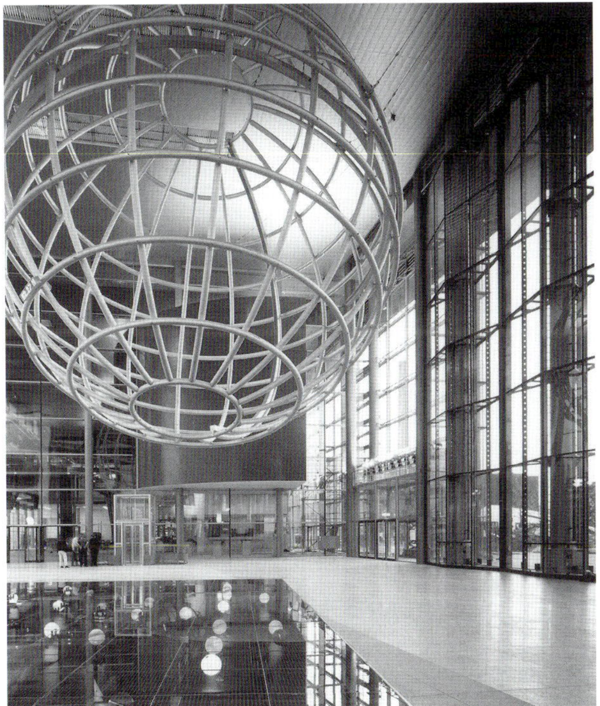

Ralf Lange
The Seat Pavilion and the Autostadt

Volkswagen is Wolfsburg. Wolfsburg is Volkswagen. And for many people Volkswagen is still the legendary »Beetle«. The town would be nothing without the car firm and its long-running and successful model, for which Wolfsburg was created literally out of thin air during the years of the »economic miracle« after the Second World War. Of course this town on the Mittellandkanal does have some other things to offer, for example a remarkable art museum and some important buildings by Alvar Aalto and Hans Scharoun. And there are two castles. One houses the municipal collections, and the other commemorates the poet Heinrich Hoffmann, known as von Fallersleben, who wrote the words of the German national anthem in 1841. But that is almost pre- and early history by Wolfsburg standards. No, this is a young and forward-looking town.

Wolfsburg did not start to shoot ahead until after 1945. The »Beetle« had in fact seen the light of day before the war, as the so-called KDF car – KDF stands for »Kraft durch Freude«, »Strength through Joy«, a National Socialist propaganda campaign. It was intended to make the »little man's« dream of owning a car come true. Ultimately this is why the Führer had the autobahns built. But priorities changed with the start of the Second World War. When the first building phase of the plant was completed in 1939, the only cars produced there were for the Wehrmacht. Since then a gigantic brick façade one and a half kilometres long has fringed the Mittellandkanal – in the typical handwriting of the National Socialist period, monotonous rather than monumental, despite the 21 staircases that thrust out so expressively.

But that is history, as I have said, and VW prefer to keep it in the background. (Anyone who wants to find out about it is discreetly referred to a separate memorial in the ZeitHaus, VW's own museum.) And it would certainly be difficult today to identify Volkswagen with just one of its models, never mind exclusively with the Beetle. The range of products by the Volkswagen group has now become as broad and complex as could be imagined. Volkswagen AG includes Seat, Skoda and Audi, but also the luxury marques Lamborghini and Bentley, as well as Scania, the Swedish commercial vehicle manufacturer. Each of these marques has many decades of tradition of its own. It would be just as difficult to claim a sense of corporate identity as to suggest that the company has a uniform profile.

The Autostadt

How does a group of this kind present itself to the public? It has created an exhibition park that does justice to the subsidiary companies' various brand images. The project was completed in time for Expo 2000 in nearby Hanover. Coal used to be stored on this 25 hectare site in a central position opposite the main station. Today about 3,500 visitors a day pass through the eight pavilions devoted to the various marques, where the subsidiary companies present their production models, special products and some prototypes to the general public. The site also contains the above-mentioned ZeitHaus museum, a five-star Ritz-

Carlton hotel, cafés and restaurants and the KonzernForum. The last-mentioned building is the reception hall for the Autostadt, which presents an introduction to the philosophy of the car company with animated films and the AutoLab, an exhibition about the manufacture and quality control of VW models.

Of course you can buy cars here as well, or rather, collect them. The AutoTürme, two tall glass towers just under 50 metres high, are the symbol of the Autostadt. About 1,000 cars per day pass through these two silos; up to 400 cars are waiting for their purchasers at any given time. These can take delivery of their brand-new conveyances personally in the adjacent customer centre. Buying a car is turned into a stylized event. Everyone's attention is concentrated on the moment when the car is driven in the great hall of the customer centre by a Volkswagen employee, then expertly explained and finally handed over to its new owner with all the relevant paperwork.

Concept and architecture

The master plan for the Autostadt was drawn up by Henn Architekten Ingenieure of Munich, with landscape planning by Wehberg, Eppinger, Schmidtke & Partner of Hamburg. It has become an aquatic landscape opening on to the Mittellandkanal, Wolfsburg's infrastructural artery. Bridges, linking gently modelled peninsulas, create an attractive route through the park. Jetties with bollards for mooring boats establish a holiday mood. Visitors may come by water if they wish. The aim is to encourage people to stroll around and find things out. For this reason there are also no dominant sightlines or central access routes. Instead the paths lose themselves in a landscape park that is deliberately planned in small sections, a miniature skerry landscape. The site is consistently made over to pedestrians. The cars are banished to the glass and steel exhibition pavilions. And these do not push themselves into the foreground either, but are arranged apparently randomly between the hilly mounds on the site.

On the west side the exhibition site is bordered by the circular hotel and the Zeithaus, and on the east side by the elliptical customer centre complex. On the south side it collides directly with the hard edge presented by the promenade in front of the KonzernForum. The glass façade of this enormous entrance to the Autostadt faces the town centre, an entirely sensible and appealing architectural gesture, as a pedestrian bridge leads from the Forum directly to the centre and the main station. However, this solution does have one definite disadvantage: most visitors arrive by car and use the large main car park to the east of the site. But all there is here is the customer centre, which makes it more difficult for people to find their way around. A banner, hung on the side façade of the customer forum as an afterthought, was needed to show the way to the main entrance, as users of the car park would have been unlikely to discover it otherwise.

The KonzernForum is the heart of the Autostadt. It consists mainly of a 20 metre high hall whose airspace contains an arterial system of escalators, lifts and bridges. The cinemas and exhibition spaces are fitted into this glass box as independent, cubic structures. They also stand out because of their stucco-lustro sur-

el gran aparcamiento principal que hay al este del recinto. Y todo lo que hay allí es el centro de atención al cliente, lo que dificulta la orientación de los visitantes. En el último momento fue necesario colgar una pancarta en la fachada lateral del centro de atención al cliente cuya función consistía en indicar el camino a la entrada principal de la Autostadt, ya que era poco probable que los usuarios del aparcamiento llegaran a dicha entrada de otro modo.

El KonzernForum es el corazón de la Autostadt. Consiste básicamente en un vestíbulo de 20 metros de altura en cuyo espacio se organiza un sistema arterial de escaleras mecánicas, ascensores y pasarelas. Los cines y los espacios para exposiciones encajan en este contenedor de cristal como estructuras cúbicas independientes. También destacan debido a las técnicas de acabado de sus superficies de estuco reluciente, con brillantes colores primarios, basados en una idea del artista Gerhard Merz. Las tiendas, cafés y restaurantes que dan al vestíbulo crean una atmósfera de plaza urbana. Las dos largas fachadas del edificio pueden abrirse a través de seis enormes pares de puertas a cada lado. El interior y el exterior, los dos patios delanteros y el gigantesco interior se funden a la perfección para formar una única área coherente.

Al igual que el KonzernForum, casi todos los demás edificios individuales fueron diseñados por el prestigioso despacho de Henn Architekten Ingenieure de Munich, conocido particularmente por su trabajo en el campo de la arquitectura industrial. Uno de sus edificios de mayor éxito en la Autostadt, tanto desde un punto de vista conceptual como de diseño, es el museo del automóvil ZeitHaus: un par cargado de tensión consistente en un edificio cerrado en una expresiva forma de cuña y un cubo de cristal transparente. En el interior, las dos secciones heterogéneas del edificio quedan conectadas por medio de puentes. El lado que carece de ventanas presenta una introducción a la historia del grupo Volkswagen, mientras que en el lado transparente hay una colección de automóviles de época que parecen estar colocados en una enorme estantería.

La arquitectura de los MarkenPavillons para las filiales extranjeras del grupo Volkswagen se desarrolló en cooperación con arquitectos internacionales. Por ejemplo, el despacho suizo de Bellprat Associates participó en el proyecto del Pabellón Lamborghini, mientras que el concepto básico del Pabellón Bentley se debe a KSS Architects, de Londres. En sintonía con el típico comedimiento británico, el Pabellón Bentley fue colocado completamente bajo tierra, de modo que sólo puede ser identificado en la superficie por un montículo con una cubierta de granito verde pulido a modo de escudo. La idea es que la gente tiene que esconderse o meterse bajo tierra para llegar a los coches de lujo. Se trata realmente de una presentación original, aunque inevitablemente conduce a asociaciones con las tumbas, planteándose enseguida la pregunta de por qué el lujo debe ser presentado de este modo tan siniestro y no podría asociarse, por el contrario, con un diseño más ligero y transparente.

Alfredo Arribas

En el centro de la Autostadt se encuentra el Pabellón Seat, un proyecto encargado a Alfredo Arribas. Arribas, que irrumpió en el ambiente arquitectónico barcelonés

de finales de los años ochenta con una serie de proyectos provocadores y que actualmente ha alcanzado el éxito internacional, estaba probablemente predestinado a este trabajo como ningún otro arquitecto. La presentación de espacios y productos constituía su profesión ya desde un comienzo. Atrajo la mirada del mundo entero cuando recibió el encargo de proyectar un escenario para la inauguración de los Juegos Olímpicos de Barcelona en 1992. Una vez más, sin dejarse amedrentar por el encargo, optó por enfatizar los ejes y crear dramáticos efectos de iluminación que presentaran con rotundidad la arquitectura monumental del vie-jo Estadio Olímpico de los años treinta. ¿Catedrales de luz y plazas de armas al modo de Albert Speer? Fue-ron evitadas las inoportunas asociaciones de este tipo, aunque sólo fuera por el firme sentido de la proporción de Arribas y porque diseñó una serie de instalaciones inequívocamente ligeras, incluso casi de filigrana. De hecho, se llegó a proyectar la sensación opuesta: si era preciso presentar alguna prueba adicional de que España había regresado a la comunidad de países democráticos tras los atroces años de la dictadura de Fran-co, se logró con la jovial y relajada atmósfera de los Juegos celebrados en Montjuïc.

Los Juegos Olímpicos de 1992 fueron realmente un punto culminante en la trayectoria profesional de Arribas, que en aquel momento contaba tan sólo con 38 años. No obstante, unos años antes ya había consolidado una reputación internacional con el diseño de bares y discotecas como el Velvet Bar (1987), la enorme discoteca Louie Vega (1988), el Barna Crossing (1989) o las Torres de Ávila (1990) en el Pueblo Español de Montjuïc. Esta acumulación – al estilo de un decora-do – de algunas piezas prototípicas de la arquitectura española tradicional había sido creada para la Exposición Universal de 1929 y se había revitalizado durante los años ochenta. Arribas tuvo la oportunidad de hacer realidad uno de sus diseños más espectaculares hasta la fecha en las torres de entrada del recinto: un ambiente de ensueño, al estilo de las *Mil y una noches*, como visto a través de los ojos de un arquitecto de escenografías de Hollywood de los años cincuenta. La arquitectura pue-de – y debe permitírsele – ser amena y flirtear con elementos triviales, siempre que se manejen con habilidad e inteligencia. No hay duda de que hace diez años se trató de una proclama inquietante. De hecho, incluso la tan cacareada posmodernidad estaba dirigida mayoritariamente a personas cultivadas desde un punto de vista arquitectónico, capaces de descifrar los guiños posmodernos a la historia de la arquitectura. Los espacios de Arribas, sin embargo, querían jugar con citas *camp* y apenas tenían otra ambición que ofrecer un decorado para una disoluta vida nocturna.

¿El arquitecto como *maître de plaisir* en un entorno elegante formado por bohemios, trepas y bichos raros noctámbulos? Algo que tenía un gran éxito desde un punto de vista comercial pronto empezó a poner trabas a la creatividad de Arribas. La expresiva forma de la torre para el Marugame Hirai Museum (1993), de la que también se tiene muy buena opinión, todavía forma parte de esta fase de su carrera, en la que las formas no tenían que estar necesariamente justificadas por la lógica funcional. Con los encargos que siguieron inmediatamente a estos proyectos, sin embargo, la arquitectura de Arribas pareció ponerse traje y corbata: pasó a ser más contenida, más funcional, incluso en algunos casos realmente sólida, con revestimientos de madera natural

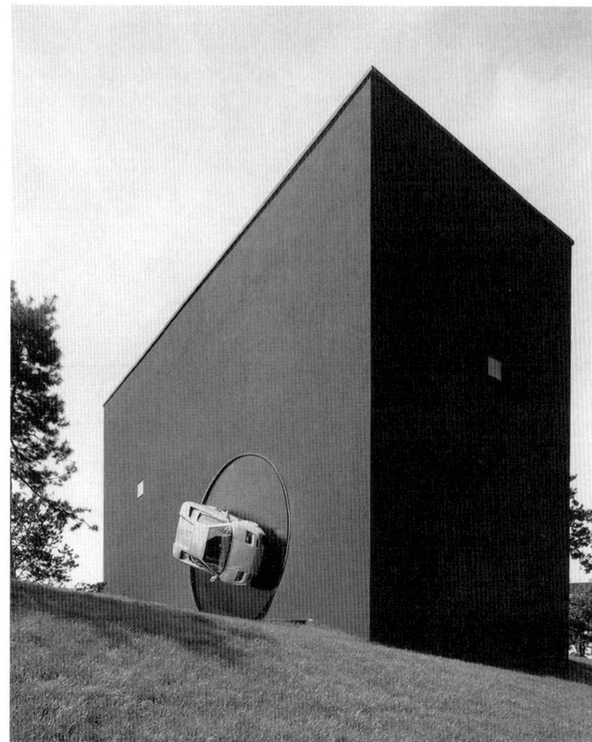

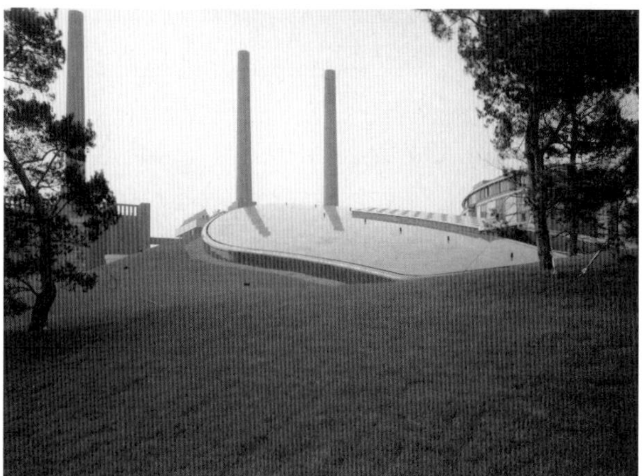

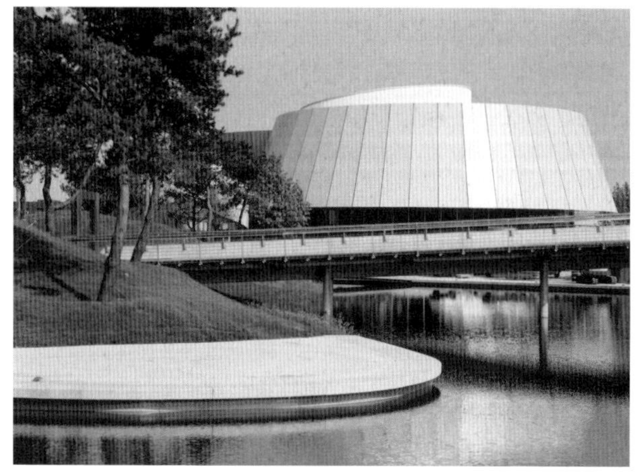

4. Henn Architekten Ingenieure en cooperación con Bellprat Associates, Pabellón Lamborghini, Autostadt, Wolfsburg. (Fotografía: Werner Huthmacher.)
5. KSS Architects en cooperación con Henn Architekten Ingenieure, Pabellón Bentley, Autostadt, Wolfsburg. (Fotografía: Werner Huthmacher.)
6. Henn Architekten Ingenieure, Pabellón Audi, Autostadt, Wolfsburg. (Fotografía: Jochen Fritzsche.)
7. Henn Architekten Ingenieure, AutoTürme, Autostadt, Wolfsburg. (Fotografía: Werner Huthmacher.)
8. Henn Architekten Ingenieure, ZeitHaus, Autostadt, Wolfsburg. (Fotografía: Werner Huthmacher.)

4. Henn Architekten Ingenieure in cooperation with Bellprat Associates, Lamborghini Pavilion, Autostadt, Wolfsburg. (Photo: Werner Huthmacher.)
5. KSS Architects in cooperation with Henn Architekten Ingenieure, Bentley Pavilion, Autostadt, Wolfsburg. (Photo: Werner Huthmacher.)
6. Henn Architekten Ingenieure, Audi Pavilion, Autostadt, Wolfsburg. (Photo: Jochen Fritzsche.)
7. Henn Architekten Ingenieure, AutoTürme, Autostadt, Wolfsburg. (Photo: Werner Huthmacher.)
8. Henn Architekten Ingenieure, ZeitHaus, Autostadt, Wolfsburg. (Photo: Werner Huthmacher.)

face finish technique and glowing primary colours, based on an idea by the artist Gerhard Merz. Shops, cafés and restaurants opening on to the hall create an urban piazza atmosphere. The two long façades of the building can be opened up through six enormous pairs of doors on each side. Indoors and outdoors, the two forecourts and the gigantic interior, then lead seamlessly into each other and fuse to form a single coherent area.

Like the KonzernForum the majority of the other individual buildings was designed by the highly reputable firm of Henn Architekten Ingenieure, known especially for their work in the field of industrial architecture. One of their most successful buildings in the Autostadt, both conceptually and in terms of its design is the ZeitHaus car museum: a tension-charged pair consisting of a closed building in an expressive wedge shape and a transparent glass cube. Bridges link the two heterogeneous sections of the building in the interior. The windowless side presents an introduction to the history of the Volkswagen group, and on the transparent side a collection of vintage cars has been housed, looking as though they are on an enormous set of shelves.

The architecture for the MarkenPavillons of the foreign subsidiaries of the Volkswagen group was developed in cooperation with international designers. For example the Swiss office of Bellprat Associates was engaged to take part in the design of Lamborghini-Pavilion, while the basic concept for the Bentley Pavilion comes from KSS Architects in London. Cultivating British understatement the Bentley Pavilion was placed completely under the ground, so that it can only be identified on the surface by a mound with a shield-like covering in polished green granite, meaning that people have to go underground to the luxury cars. This certainly is an original presentation, but it inevitably leads to associations with tombs, and immediately raises the question of why luxury has to be presented in this sinister way, and cannot be associated with a lighter, more transparent design.

Alfredo Arribas

At the centre of the Autostadt is the Seat Pavilion, for which a design was commissioned from Alfredo Arribas. Arribas, a provocative newcomer on the Barcelona architectural scene in the late eighties, and now an international success, was probably predestined for this task like no other architect. Presenting spaces and goods was his métier from the outset. He attracted world-wide attention at the latest when he had the honour of being commissioned to develop a scenario for the opening of the Olympic Games in Barcelona in 1992. Here too he did not allow himself to be put off emphasizing axes and creating dramatic lighting effects, to present the monumental architecture of the old 1930s stadium effectively. Light cathedrals and parade grounds in the manner of Albert Speer? Unwelcome associations of this kind were avoided if only because Arribas has a secure sense of proportion and deigned emphatically light, indeed almost filigree installations. In fact quite the opposite was the case: if any further proof had been needed that Spain had returned to the community of democratic states after the crippling years of the Franco dictatorship, the this was delivered by the cheerful and relaxed atmosphere of the games on the Montjuïc.

The 1992 Olympic Games were certainly a high point in Arribas's career, who was just 38 at the time. But he had already acquired an international following a few years earlier with his designs for discotheques and bars like the Velvet Bar (1987), the large Louie Vega discotheque (1988), the Barna Crossing (1989) or the Torres de Avila (1990) in the so-called Spanish village at the foot of the Montjuïc. This accumulation, rather like stage designs, of set-pieces from traditional Spanish architecture had been created for the 1929 World Fair and revitalized in the eighties. Arribas was given the opportunity of realizing one of his most spectacular designs to date in the gatehouse to the village: a dream-like ambience as in the *Thousand and One Nights*, though as seen through the eyes of a fifties

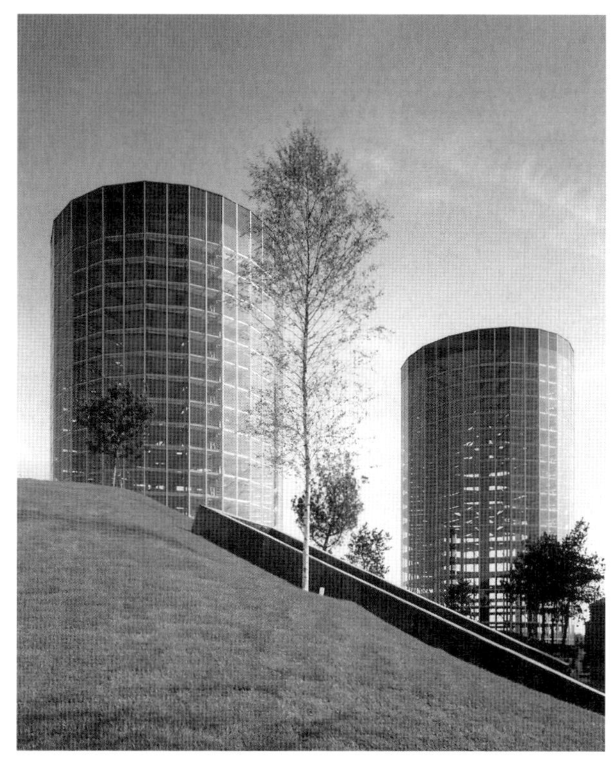

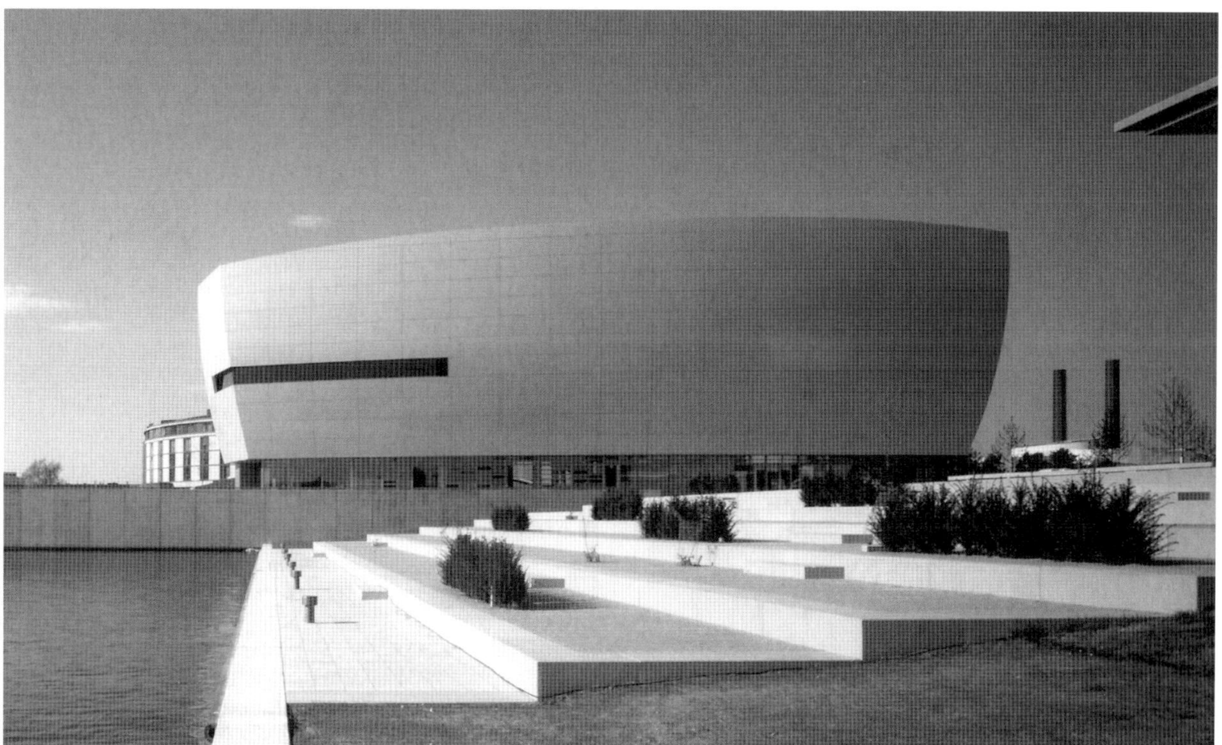

y tapizados de piel. Los banqueros con sus trajes de rayas se sienten como pez en el agua en los dos bares, por ejemplo, que diseñó para la Eurotower y las oficinas centrales del Commerzbank en Frankfurt. Durante los años noventa, Arribas prosiguió con la arquitectura de interiores y la construcción de pabellones con otros proyectos de más envergadura, como el Family Entertainment Centre, en Bari, o la Cité des musiques vivantes, en Montluçon.

El Pabellón Seat

En Wolfsburg, Arribas consiguió el truco de articular el centro de la Autostadt con un edificio esencialmente reservado. El Pabellón Seat domina el recinto de exposiciones, pero no es demasiado prominente. La estructura es como una concha de caracol, adusta y cerrada, con la excepción de una franja de ventanas que parece surgir directamente de la superficie del lago que ocupa el centro del recinto de la Autostadt. La curva irregular de la planta recuerda a una hoja o a otras formas tomadas de la naturaleza. El acceso tiene lugar a través de dos elegantes rampas que flotan por encima del agua y se introducen directamente en el centro del pabellón: un homenaje al viejo maestro, Le Corbusier. El arquitecto las bautizó como «la Rambla», en clara referencia a la famosa avenida de Barcelona, ciudad en la que el grupo Seat tiene sus oficinas centrales. Si los visitantes desean subir por las rampas, tienen que pasar a través de un portal que les da la bienvenida mediante una señal acústica.

El edificio nos engaña con habilidad por lo que respecta a su escala, relativamente modesta. Algunos trucos ingeniosos como los largos extremos del edificio y las paredes curvas del exterior dan la impresión de que hay más volumen del que en realidad se requería. Apenas hay aperturas ni fisuras estructurales. El reluciente revestimiento de baldosas circulares blancas hace que la fachada del edificio parezca cerrada desde lo lejos. Sólo al aproximarnos podemos apreciar que la intrincada estructura produce un moaré inquietante en las superficies. Si no fuera por las dos puertas de entrada, el visitante que se acercara al edificio no podría saber qué dimensiones alberga en su interior. Pero aquí también la escala queda difuminada por la rendija de la entrada, que es tan alta como el propio edificio y se introduce profundamente en su cuerpo. Los relucientes elementos metálicos de chapa roja con los retrovisores que flanquean la entrada principal constituyen un ingenioso truco. Su estructura seriada hace que parezcan un relieve Op Art de los años sesenta. El rojo es el Pantone 485, el color corporativo de Seat.

El Pabellón Seat es un edificio solitario que determina su propio carácter y su propia escala. No hubo ningún intento de hacer que encajara con los demás pabellones; por el contrario, se enfatiza el contraste con ellos. El edificio produce un gran efecto debido a su comedimiento y a su aire de misterio. Las divisiones internas y sus dimensiones no son obvias a primera vista. Las relucientes fachadas blancas también lo convierten en un extraño fenómeno. Significan que el Pabellón Seat se sabe defender sin problemas en un entorno heterogéneo, a pesar de un diseño nada espectacular. Y hay otra sutileza que contribuye a su enérgica presencia: de hecho, el edificio se halla en el centro de la Autostadt y puede ser visto fácilmente desde cualquier punto. A pesar de estar en un lugar tan expuesto, sin embargo, no es directamente accesible: hay que atravesar andando gran parte del recinto antes de poder llegar al pabellón.

«Think young!»

Frente a la imagen exclusiva de Audi y la solidez al alcance de todos que presenta Volkswagen, estaba claro que Seat no lo tendría fácil para encontrar una imagen de marca inequívocamente propia en Wolfsburg. Y esto en un país en el que el coche es el juguete preferido de la gente. *Horribile dictu*: para los consumidores alemanes, Seat realmente no cuenta como el coche ideal, sino que más bien forma parte de la categoría de vehículo utilitario para familias jóvenes y personas que compran su primer coche, al igual que su competidor checo, Skoda. Para contrarrestar estas percepciones, se realizaron esfuerzos para asociar la marca a una imagen dinámica. Seat se presenta en Wolfsburg como una marca original, joven y, naturalmente, deportiva. Ah, sí, y sin olvidar que las raíces de sus automóviles están en la Península Ibérica.

Debían invocarse imágenes españolas, aunque había que evitar recurrir a clichés y tópicos como la sangría, las corridas de toros o la Alhambra. Por este motivo, dichas referencias están tan camufladas que es probable que el observador sin prejuicios apenas las perciba como algo especial, como la cita de las Ramblas de Barcelona, el blanco de las fachadas, de inspiración mediterránea, o el llamativo rojo del área de entrada. Al contrario, Gerd Gerken, ese popular mediador del *Zeitgeist* [el espíritu del tiempo], recibió el encargo de Volkswagen de crear una imagen de las distintas filiales del grupo en una serie de sesiones de *brainstorming*. El resultado fue una cornucopia casi exuberante de asociaciones, metáforas e imágenes. Las mágicas burbujas azules de un manantial; un corazón ardiente citado como símbolo del amor; la armonía del ser invocada por la danza de los derviches. De la *New Age* a la *Free Age*, del caos al orden, del mito al logos, del aislamiento a la comunidad «democrática» mundial de Internet: estos son los deseos secularizados de redención de Gerken.

Los arquitectos y el equipo multimedia prepararon un borrador propio a partir de las ideas de Gerken, extrayendo de la abundancia de material, por encima de todo, aquellos motivos, símbolos y metáforas que pudieran ser traducidos de algún modo en términos de diseño, sonido o luz. Definieron el edificio como un nodo en el centro de la Autostadt, comparable a un enlace en la autopista, en donde las carreteras confluyen y se separan nuevamente. La intención era, literal y figurativamente, construir puentes, trazar senderos, abrir brecha. Luego se asignó al color una importante función como expresión de juventud y emoción, pero también de mutabilidad, como los colores de la naturaleza en las estaciones cambiantes. El hecho de que hoy en día todo esté en un estado de flujo, adoptando nuevas y sorprendentes formas y cambiando constantemente – para empezar, la propia filosofía de Seat –, condiciona las instalaciones del interior del edificio, que pretenden ser «virtuales» y de carácter fragmentario, dejando espacio para las experiencias e interpretaciones individuales. Y, por último, es importante también que la arquitectura ofrezca una plataforma para la (auto)representación efectiva de los productos y las personas que se reúnen a su alrededor.

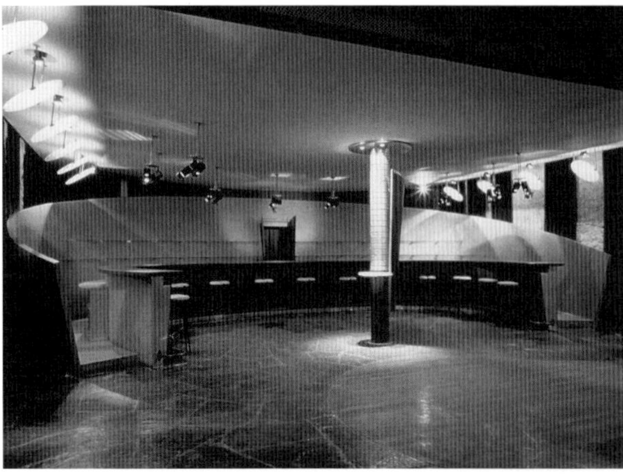

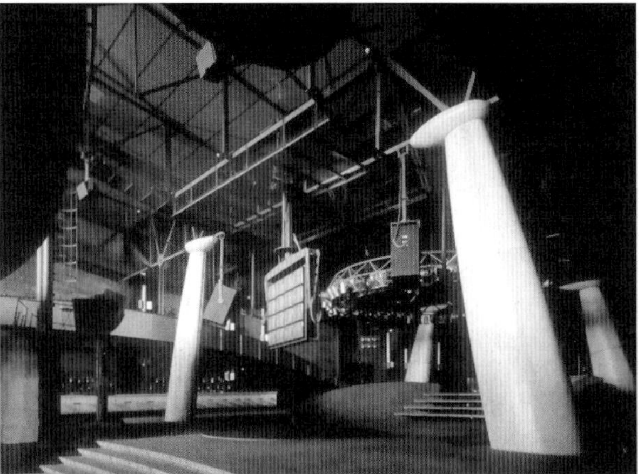

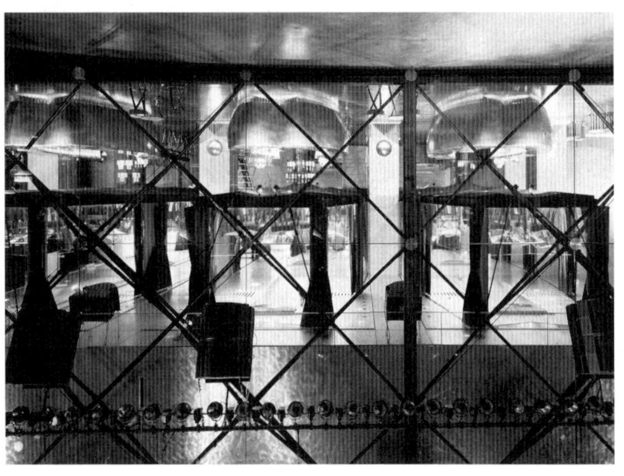

9. Alfredo Arribas Arquitectos Asociados, Bar Velvet, Barcelona, 1987.
10. Alfredo Arribas Arquitectos Asociados, Louie Vega, Calafell, Tarragona, 1988. (Fotografía: Jordi Sarrà Arau.)
11. Alfredo Arribas Arquitectos Asociados, The Barna Crossing, Fukuoka, Japón, 1989. (Fotografía: T. Nacasa.)

9. Alfredo Arribas Arquitectos Asociados, Velvet Bar, Barcelona, 1987.
10. Alfredo Arribas Arquitectos Asociados, Louie Vega, Calafell, Tarragona, 1988. (Photo: Jordi Sarrà Arau.)
11. Alfredo Arribas Arquitectos Asociados, The Barna Crossing, Fukuoka, Japan, 1989. (Photo: T. Nacasa.)

12. Alfredo Arribas Arquitectos Asociados, Marugame Hirai Museum, Marugame, Japón, 1993. (Fotografía: Motoi Niki.)
13. Alfredo Arribas Arquitectos Asociados, Commerzbank, Plaza, Frankfurt am Main, 1996–97. (Fotografía: Ralph Richter.)

12. Alfredo Arribas Arquitectos Asociados, Marugame Hirai Museum, Marugame, Japan, 1993. (Photo: Motoi Niki.)
13. Alfredo Arribas Arquitectos Asociados, Commerzbank, Plaza, Frankfurt am Main, 1996/97. (Photo: Ralph Richter.)

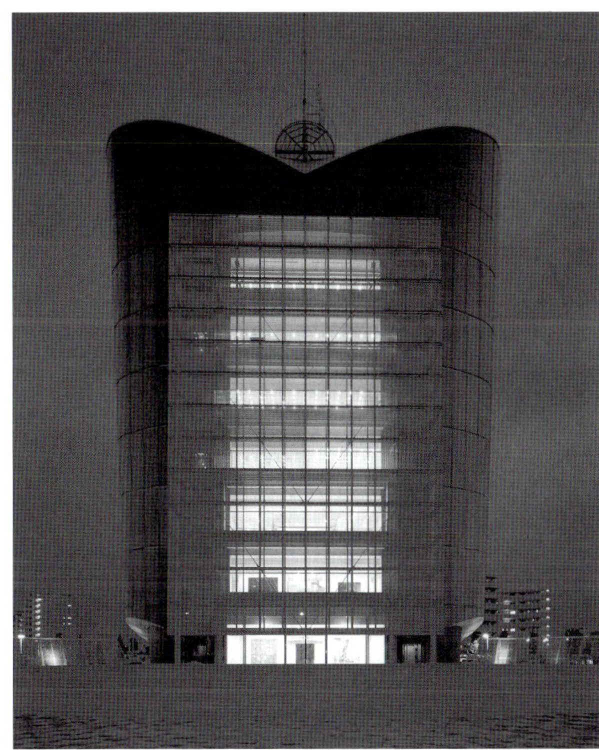

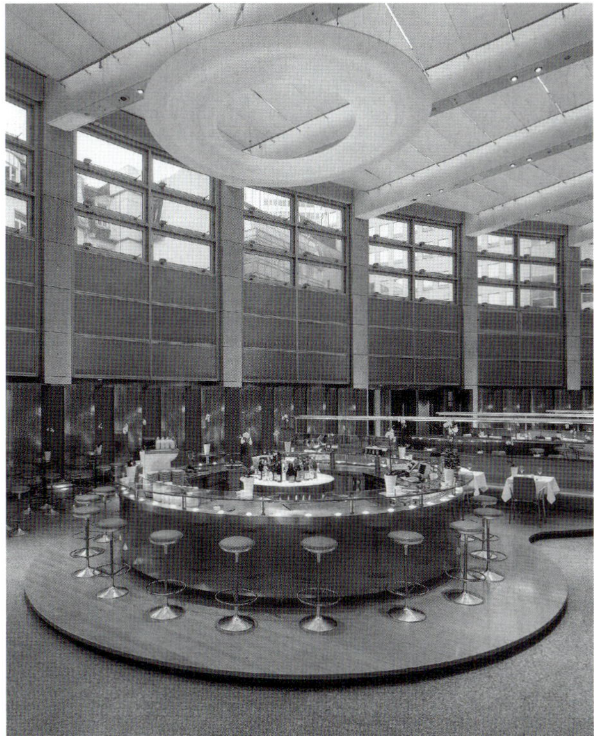

Hollywood film architect. Architecture can, and indeed it is allowed to, be entertaining and flirt with trivial elements, provided these are handled well and intelligently. This was definitely a distressing statement ten years ago. In fact even the much-mentioned post-Modernism was directed largely at people who were architecturally literate and able to decipher its nods and winks at architectural history. But Arribas's rooms wanted to play with »camp« quotations, and scarcely have any other ambitions than providing the décor for an abandoned night life.

The architect as *maître de plaisir* in a smart set made up of bohemians, »wannabes« and nocturnal weirdos? Something that was highly successful commercially soon started to cramp Arribas creatively. The expressively shaped tower or the Marugame Hirai Museum (1993), which is also very highly thought of, is still part of this phase of his career, in which forms did not necessarily have to be justified by functional logic. But even for the commissions that followed these immediately, Arribas's architecture seems to have changed into its business suit, and became more subdued and functional, indeed quite definitely solid in some cases, with natural wood cladding and leather upholstery. The bankers in their pin-stripe suits feel perfectly at home in the two canteens, for example, that he realized for the Eurotower and the Commerzbank headquarters in Frankfurt. Arribas followed the interior architecture and pavilion buildings of the nineties with larger projects, like the Family Entertainment Centre in Bari or the Cité des Musiques Vivantes in Montluçon.

The Seat Pavilion

In Wolfsburg, Arribas brought off the trick of articulating the centre of the Autostadt with an essentially reticent building. The Seat Pavilion dominates the exhibition site, but it is not obtrusive. The structure is like a snail shell, forbidding and closed with the exception of a band of windows that seems to rise directly out of the surface of the lake on the Autostadt site. The irregular curve of the ground plan is reminiscent of a leaf or other forms borrowed from nature. Access is via two elegant ramps floating over the water and the site and thrusting straight into the centre of the pavilion: a homage to the old master, Le Corbusier. The architect christened them »la Rambla« after the famous old-town boulevard in Barcelona, the city where the Seat group has its headquarters. If visitors want to walk up the ramps they have to pass through a portal where they are welcomed by an acoustic signal.

The building is skilfully deceptive about its relatively modest scale. Clever tricks like the long tips of the building and the curved outside walls give the impression that there is more volume than was actually required. There are scarcely any structural caesuras and apertures. The gleaming cladding in white ceramic tiles makes the building's façades look sealed from a distance. It is only as you come closer that the intricate structure produces a disturbing moiré on the surfaces. If it were not for the two entrance doors, the visitor approaching the building would not know what sort of dimensions were in store. But here too the scale is blurred by the entrance slit, which is as high as the building itself and cuts deep into its body. The gleaming red sheet metal elements with car mirrors flanking the main entrance are a witty gimmick. Their serial structure makes them look like a sixties Op Art relief. The red is Pantone 485, incidentally, the corporate color of Seat.

The Seat Pavilion is a solitaire that establishes its own character and scale. No attempt was made to make it fit in with the rest of the pavilions, instead the contrast is emphasized. The building is effective because of its understatement and air of mystery. The internal divisions and the dimensions are not obvious at a first glance. The gleaming white façades also make it into a strange phenomenon. They mean that the Seat Pavilion can hold its own without difficulty in its heterogeneous surroundings despite its unspectacular design. And there is another refinement that contributes to its strong presence. The building is indeed in the centre of the Autostadt, and can be seen easily from everywhere. But despite its exposed site it is not directly accessible. You have to walk through most of the exhibition site before you can get into the pavilion.

»Think young!«

When faced with the exclusive image of Audi and the classless solidity of Volkswagen, it was certainly not easy for Seat to find an unmistakable brand image for itself in Wolfsburg. And all this was in a country where the car is people's favourite child. *Horribile dictu*: for German consumers, Seat does not really count as a dream car, but is more in the category of compact cars for young families and first-time buyers – like its Czech competitor Skoda. To counteract this, efforts were made to provide a dynamic image for the marque. Seat presents itself in Wolfsburg as unconventional, youthful and of course sporty. Oh yes, and don't forget that the car has its roots in the Iberian peninsula.

Spanish associations were to be invoked, but familiar clichés like sangria, bullfights or the Alhambra were to be avoided. For this reason, these references are so heavily under-coded that the unprejudiced observer is scarcely likely to perceive them as anything special, like the quotation of the Ramblas in Barcelona, the Mediterranean-inspired white of the façades or the striking red in the entrance area. On the contrary, Gerd Gerken, that popular mediator of the *Zeitgeist*, was commissioned by Volkswagen to create an image of the group's various subsidiaries in a kind of brainstorming process. What this produced was a well-nigh exuberant cornucopia of associations, metaphors and images. The magic blue spring bubbles, the burning heart is cited as a symbol of love and the harmony of being is invoked by the dance of the Dervishes. From New Age to the Free Age, from chaos to order, from myth to logos, from isolation to the »democratic« world community of the Internet, these are Gerken's secularized hopes of redemption.

The architects and the multimedia team distilled a working paper of their own from Gerken's concept. This plucked above all those motifs, symbols and metaphors from the abundance of material that could be translated in some way in terms of design, sound or light. They defined the building as a node at the centre of the Autostadt, comparable with a motorway interchange, where routes meet and part again. The intention was, literally and figuratively, to build bridges, set out pathways and lay trails. Then colour was allotted an important role as an expression of youthfulness

Dentro del contenedor

El Pabellón Seat retoma el tema de la dualidad de la envoltura y el núcleo interior aislado, uno de los focos de interés de Alfredo Arribas a lo largo de su carrera. En los proyectos ya mencionados para discotecas, bares y restaurantes – por ejemplo, Barna Crossing en Fukuoka (Japón, 1989) o la discoteca Gran Velvet de Barcelona (1993) –, incluso los servicios sanitarios se habían concebido como estructuras aisladas, independientes y sólidas dentro del conjunto espacial, casi con cualidades escultóricas. El interior del Pabellón Seat también se organiza en torno a un cilindro colocado de forma extravagante, que se inscribe en las curvas dinámicas de la planta casi de modo contrapunteado.

En el nivel de la entrada, dicho cilindro encierra una proyección multimedia de 360 grados – el «ciclorama» –, mientras que en el nivel inmediatamente inferior consiste en un escaparate circular que contiene un automóvil. El acceso al ciclorama tiene lugar directamente desde el vestíbulo. Cuenta con entradas y salidas separadas: la salida sólo se abre una vez finalizada la proyección, de modo que a los visitantes se les guía casi automáticamente al siguiente escenario por una estrecha rampa que conduce al nivel inferior. Esta rampa desciende entre la pared exterior y el cilindro formando una curva muy cerrada; a medio descenso hay que girar 180 grados. Esta apretujada disposición espacial, sin embargo, tiene su lógica. En principio el pabellón no debe dejarse ver inmediatamente a los visitantes como un todo, sino que debe presentarles impresiones espaciales siempre nuevas y en ocasiones incluso perturbadoras.

El espacio para la proyección tiene la apariencia de una caja neutra, cuyas puertas incluso encajan a la perfección en la superficie de 360 grados sobre la que se proyectan las imágenes, pero los mayores aspavientos llegan más adelante, con el área de exposición del nivel inferior. Al principio lo único que ven los visitantes es un cilindro en el centro con las paredes reflectantes, que a su vez se ve reflejado en las paredes de la sala, también con espejos, lo que hace que el espacio parezca infinito. Cuando apenas se han podido reorientar en este rompecabezas, el espejo del cilindro, que parece tan impenetrable, se ilumina de repente desde el interior y por tanto se hace transparente. Y acto seguido, como por arte de magia, aparece el prototipo de un nuevo modelo de Seat, un coupé deportivo plateado, sorprendentemente elevado sobre una plataforma giratoria hasta el nivel de los ojos de los espectadores. El cilindro-espejo, por cierto, es una construcción excepcional, ejecutada prácticamente sin armazón. Esto supuso sortear una serie de problemas, ya que debe ser posible abrirlo para poder cambiar el modelo expuesto.

A continuación, un túnel – que sirve también de acceso a los baños y al ascensor – nos lleva de este escaparate de espejos al enorme salón de exposición. Aquí hay la oportunidad de actuar »interactivamente«, colocando ambas manos en una especie de portales en los que incluso los movimientos más mínimos quedan traducidos en estructuras de imágenes plasmadas sobre pantallas. El salón adyacente ocupa dos pisos, con una galería o balcón. Aquí los modelos de Seat se presentan sobre tres pedestales circulares. Al principio el espacio permanece a oscuras, aunque la superficie brillante de los automóviles puede identificarse mediante focos. La oscuridad permite realizar proyecciones de rallies automovilísticos sobre las paredes que hay por detrás de los pedestales, cóncavas y en forma de escudo. A continuación, los listones verticales que cerraban completamente las ventanas exteriores de repente se abren. El espacio pasa a ser brillante y espacioso, y el lago de la Autostadt proyecta sus juguetones reflejos sobre las paredes blancas y el techo.

Como un decorado

El efecto del interior del Pabellón Seat se resolvió como un decorado a una escala de 1:20. Una compleja interacción de efectos de luz y sonido, así como varias técnicas de proyección, pretenden conseguir que las fronteras entre los espacios sean fluidas y permitan cambiar el ambiente en cuestión de segundos. Esto se hace patente en el salón de exposición, cuyo inusual carácter se deriva por encima de todo de la luz artificial y las proyecciones, pero a la luz del día resulta ser un caparazón relativamente prosaico para exhibir coches, con soportes de entramado y un techo trapezoidal de láminas de metal: limpiamente detallado, aunque hay que admitir que no está particularmente cuidado. Esta actitud de *laissez-faire* para con algunos de los detalles sigue un principio que también puede observarse en otros proyectos de Arribas. Una vez más, aquí el propio edificio se define tan sólo como una envoltura más o menos neutral. El rasgo distintivo crucial es el espectáculo que se desarrolla en el interior del contenedor.

Asimismo, las paredes del ciclorama no son nada más que simples superficies de proyección blancas, con un banco continuo a su alrededor. No obstante, una «película mítica» con el prometedor título de *Wild Heart* [Corazón salvaje] transforma inmediatamente este ambiente desnudo en el »Ojo del Huracán«: una alfombra de imágenes llena de colorido que nos transporta velozmente a las ciudades visionarias de Oriente y del futuro, atravesando distintas referencias metafóricas y simbólicas relacionadas con el tema del agua y, por último, desembocando en un dramático clímax en el que un anillo de fuego rodea completamente a los espectadores. Y la rampa que desciende al nivel inferior tras la proyección, naturalmente, es más que una simple ruta que atraviesa el edificio. Aquí la luz azul, los sonidos armoniosos y los reflejos proyectados sobre la pared como si surgieran de una superficie acuática hacen que los visitantes se sientan transportados como por arte de magia hacia una atmósfera casi submarina.

El corazón del pabellón es el escaparate de espejos que hay debajo del ciclorama. En primer lugar, el espacio queda inundado por una luz azulada que crea un ambiente de clímax místico y rememora un «manantial azul». Un espectáculo de láser refuerza la inquietante impresión que adopta el espacio, puesto que las efímeras imágenes se superponen y cambian constantemente. De repente el cilindro de espejos deja de ser un cuerpo compacto y cerrado y se convierte en una envoltura aparentemente casi inmaterial en la que, como surgiendo de una neblina, aparece el coupé deportivo plateado, rodeado de una luz igualmente plateada y misteriosa. La escena nos remite inevitablemente al episodio inicial de *Alicia a través del espejo*, de Lewis Carroll, la continuación de *Alicia en el país de las maravillas*. Incluso Alicia está un tanto sorprendida cuando se le concede el deseo atravesar el espejo que cuelga sobre la chimenea y pasar a la habitación que hay detrás de él: «Juguemos a que el cristal se hace blando como si

and emotional moods, but also of mutability – like the colours of nature in the changing seasons. The fact that today everything is in a state of flux, taking on surprising new forms and constantly changing – not least the Seat philosophy itself! – the installations inside the building are intended to be »virtual« and fragmentary in character, leaving space for individual interpretations and experiences. And last but not least, architecture should also offer a platform for effective (self-)representation for the products and the people assembling around them.

tures on screens. The adjacent showroom extends over two storeys, with a gallery. Here Seat's series models are presented on three round plinths. The space remains dark at first, so that the brightly painted cars can be effectively picked out by spotlights and to make it possible to throw projections of car rallies on to the concave, shield-like rear walls of the plinths. Then the vertical slats that close off the outside windows completely suddenly open. The space becomes bright and spacious, and the Autostadt lake casts its playful reflections on the white walls and the ceiling.

Inside the container

The Seat Pavilion takes up the theme of the duality of the envelope and the insulated inner core, something that has interested Alfredo Arribas throughout his career. In the above-mentioned designs for discotheques, bars and restaurants – e. g. the Barna Crossing in Fukuoka in Japan (1989) or the Gran Velvet disco in Barcelona (1993) – even the sanitary facilities were isolated as independent, solid structures within the space, with almost sculptural qualities at times. The interior of the Seat Pavilion is also organized around an eccentrically placed cylinder. This is inscribed in the dynamic curves of the ground plan almost contrapuntally.

The cylinder encloses a 360 degree projection – the »cyclorama« – on the entrance level, and on the exhibition level below that a circular showcase containing a complete car. The »cyclorama« is entered directly from the entrance hall. It has separate entrances and exits. Only the exit opens up after the performance, and so visitors arc almost automatically guided on to the next stage, a narrow ramp leading to the lower level. This ramp forces its way down between the outside wall and the cylinder with a hairpin bend; you have to turn through 180 degrees half way down. There is method in these cramped and encapsulated spatial arrangements. The pavilion is not supposed to reveal itself to visitors as a whole immediately, but to confront them with spatial impressions that are always new and sometimes disturbing.

The space for the animated film may present itself as a neutral box, with even the doors fitting in with the 360 degree projection area seamlessly, but all the more fuss is made about the exhibition area below. At first you see nothing other than a mirror-glass cylinder in the centre which is reflected in the walls, which are also mirrored, and make the space seem infinite. Visitors have scarcely reoriented themselves in this puzzle when the mirror glass, which seems so impenetrable, is suddenly illuminated from the inside and thus transparent. And now, as if by magic, the prototype of a new Seat model appears, a silver sports coupé, strikingly raised on a turntable to the viewers' eye-level. Incidentally, the mirror cylinder is a remarkable construction, executed largely without frames. This cannot have been without its problems, as it has to be possible to open it by a car's width so that the exhibited model can be changed.

The so-called tunnel, which also provides access to the toilet facilities and the lift, leads away from this cabinet of mirrors to the large showroom. Here there is a chance to behave »interactively«, by putting both hands through portal-like frames, where even the tiniest movements are translated into picture-like struc-

The effect of the interior of the Seat Pavilion was worked out like a stage set on a scale of 1:20. A complex interplay of lighting and sound effects and various projection techniques is intended to make the borders between the spaces fluid and change the mood in seconds. This is particularly clear in the showroom, which derives its unusual character above all from the artificial lighting and the projections, but in daylight turns out to be a relatively prosaic shell for showing cars, with lattice supports and a trapezoid sheet metal ceiling – cleanly detailed, but, one has to admit, not particularly refined. This *laissez faire* attitude to some of the details follows a principle that can also be seen in other designs by Arribas. There again the building itself is defined only as a more or less neutral envelope. The crucial feature is the spectacle that unfolds within this container.

The walls of the cyclorama are also nothing more than plain white projection surfaces, with a bench running all the way round. But a so-called »myth film«, with the promising title *Wild Heart* immediately transforms this bare ambience into the »Heart of the Whirlwind«: a colourful carpet of images that that whisks us away to the visionary cities of the East and the future, running through the different symbolic and metaphorical implications of the theme of water and finally surrounding the viewers, as a dramatic climax, with a ring of fire. And the ramp that leads to the lower level after the performance is of course more than just a route through the building. Here blue light, harmonious sounds and reflections cast on the wall as if from an expanse of water make sure that visitors feel they have been spirited away into an almost submarine atmosphere.

The heart of the pavilion is the cabinet of mirrors under the cyclorama. First of all, the space is flooded with blue light in the spirit of a mystical heightening into the state of a »blue spring«. A laser show further reinforces the disturbing impression given to the room by the ephemeral, constantly changing and sometimes superimposed images. Suddenly the mirror cylinder changes from a compact, closed body into an apparently almost immaterial envelope in which, as if arising from a veil of mist, the silver sports coupé appears, surrounded by light that is just as silvery and mysterious. You are inevitably reminded of the opening episode of Lewis Carroll's *Through the Looking-Glass*, the sequel to *Alice in Wonderland*. Even Alice is a little surprised when her wish to pass through the mirror above the fireplace into the room behind it is granted: »›Let's pretend the glass has got all soft like gauze, so that we can get through. Why, it's turning into a sort

fuera una gasa, de modo que pudiéramos atravesarlo.
¡¿Pero, cómo?! ¡Si parece que se esté empañando y
convirtiéndose en una especie de niebla! ¡Apuesto a que
ahora me sería muy fácil pasar a través! – Mientras de-
cía esto, Alicia se encontró con que estaba encaramada
sobre la repisa de la chimenea, aunque no podía acor-
darse de cómo había llegado hasta ahí. Y en efecto, el
cristal del espejo se estaba disolviendo, como si fuera
una bruma plateada y brillante».

A través del espejo

El concepto de la Autostadt esconde una cierta contra-
dicción. Por una parte, está claro que pretende dar brillo
y publicidad a la imagen de Volkswagen y sus automóviles. Por otra parte, sin embargo, hay el deseo de evitar
dar la impresión de que se trata de una mera exposición
comercial a la antigua usanza. Las ventajas de las distintas marcas y modelos producidos por el grupo Volkswagen deben ser transmitidas de pasada. Las películas y
animaciones multimedia demuestran claramente esta
idea. Podemos advertir que los guionistas y directores
han dispuesto de un amplio margen de maniobra para
presentar sus argumentos más allá de los clichés habi-
tuales relacionados con la velocidad, la seguridad y el
máximo rendimiento técnico, incluso al precio de que lo
que se expone a veces resulta un tanto opaco. No se
ofrecen respuestas fáciles ni se imponen criterios. De
modo que la mayoría de presentaciones muestran una
distancia perceptible respecto a los familiares argumentos de ventas que usan los estrategas de la publicidad:
«Cómprame y reafirmarás tu posición social y tu estilo
de vida, estarás comprando alegría de vivir, seguridad
y diversión para tu tiempo libre».

Uno de los grandes méritos de los creadores de la
Autostadt es que no han querido saber nada de este
tipo de burdas estratagemas persuasivas; por el contrario, lo que han deseado en todo momento es dar prota-
gonismo a los visitantes. No obstante, ¿está el visitante
medio realmente interesado en todo esto? ¿No es más
probable que esté interesado en carrocerías llamativas,
los caballos del motor y el cubicaje? ¿Y cómo puede
uno prestar la atención debida si está arrastrando a ni-
ños lloriqueando que están más interesa- dos en el pró-
ximo puesto de helados que en el nuevo Volkswagen
Passat? ¿No es en realidad la función de la industria del
entretenimiento hacer posible engullir impresiones y animaciones que siempre sean nuevas y tan variadas
como sea posible; en otras palabras, poner en escena
un «acontecimiento»? La gente quiere que se les man-
tenga de buen humor todo el rato. Seguro que habrá
personas que piensen que se les forzó a estar demasiado tiempo en las salas de proyección. Y en cierto
modo fue preciso doblegarse a la demanda popular:
esto es particularmente evidente en el Pabellón Lamborghini, en donde se permite que el equipo motor aúlle
ruidosamente, con el apoyo espectacular de nubes de
humo, truenos y relámpagos centelleando mediante focos. Efectos llamativos como estos contribuyen a contrarrestar de vez en cuando la imagen esencialmente
contenida y reservada de la Autostadt.

En este sentido, el Pabellón Seat ocupa una posición
ambigua. Por una parte desea hechizar a sus visitantes,
pero por otra no quiere hacer el juego a las expectativas
tradicionales, en el sentido de fomentar una recepción
pasiva y presentar afirmaciones fácilmente comprensi-

bles. No obstante, esta postura encierra muchas pro-
mesas: un viaje sensual, horizontes espirituales ensan-
chados, experiencias interactivas. Desde el momento en
que se entra por «las Ramblas» hasta que uno queda in-
mortalizado en el libro electrónico de visitantes que hay
al final del recorrido, la intención es que el público esté
sensibilizado y animado. Y lo que es más: al igual que
Alicia, se supone que el visitante debe descubrir otra realidad distinta tras la supuesta realidad, en la que las ca-
tegorías de tiempo y espacio, en apariencia fijas, que-
den absurdamente trastocadas. Porque cuando Alicia
atraviesa el espejo entra en un mundo en el que el razo-
namiento lógico y el utilitarismo burgués no cuentan
gran cosa. Es un lugar en el que uno se mueve a veloci-
dades enormes, a pesar de no desplazarse ni un centí-
metro del lugar donde está. Y en el que dos huevos
cuestan menos que uno.

El Pabellón Seat pretende jugar un juego similar con
sus visitantes. Los relojes corren al revés, las gotas caen
hacia arriba, la gente se vuelve joven en lugar de enveje-
cer. Pero hay que saber ciertas cosas antes de poder
descodificar estos motivos. Por ejemplo, están los dis-
cos de aspecto surrealista que cuelgan del techo del
vestíbulo del pabellón. ¿Quién sería capaz de interpretar
que la especie de remolino que vemos en su cara son
esferas de relojes que están corriendo hacia atrás? ¿Y
cuántos visitantes carentes de prejuicios podrán com-
prender el segundo nivel de significado que se esconde
tras el diseño abstracto de los efectos de luz y sonido y
las superficies reflectantes, la danza de los derviches, el
río de mercurio y el manantial azul? ¿No es pedir demasiado a la arquitectura hacer que sea también portadora
de afirmaciones que no están implícitas en sus recursos
específicos? O, para formularlo positivamente, ¿con qué
impresiones nos quedamos si no intentamos interpretar-
las y ver hasta qué punto corresponden con un cierto
conocimiento previo sobre el concepto creativo y signifi-
cativo del edificio?

Bueno, quizás ya sea suficiente. Las ideas de plani-
ficación urbana en las que se basa la Autostadt ya han
sido debatidas con cierto detalle en esta misma introducción. El Pabellón Seat ocupa un lugar central en este
parque paisajístico formado por edificios aislados.
Marca no sólo el centro del recinto propiamente dicho,
sino que también destaca debido a sus relucientes fachadas blancas, que asimismo parecen estar herméti-
camente selladas. El pabellón, sin embargo, no puede
identificarse como un edificio dominante. Al contrario,
sigue básicamente la estrategia de intentar pasar desa-
percibido y lo consigue, entre otras cosas porque Arribas controla admirablemente su oficio, las dimensiones
espaciales, las proporciones y los acabados de las superficies. Pero la impresión que se proyecta en el interior
del pabellón es totalmente distinta. Lo que aguarda al
visitante en el interior es un fascinante calidoscopio de
fragmentos visuales que se ensamblan formando cons-
telaciones siempre nuevas y distintas. Y todo esto, en
última instancia, puede ser disfrutado sin remisiones a
la historia de la literatura y a las tendencias filosóficas
de moda. No es posible captar rápidamente el Pabellón
Seat, puesto que se trata de un proyecto que insiste en
ser percibido con minuciosidad. Y haberlo logrado ya es
mucho en una era que parece carecer de sentido, en la
que lo único que se ofrece a los consumidores son pe-
dacitos fácilmente digeribles.

of mist now, I declare! It'll be easy to get through –‹
She was up on the chimney-piece while she said this,
though she hardly knew how she had got there. And
certainly the glass was starting to melt away, just like
a bright silvery mist.«

Through the Looking-Glass

The concept of the Autostadt conceals a certain con-
tradiction. On the one hand of course it is about buffing
up and advertising the Volkswagen image or that of its
automotive products. But on the other hand they want
to avoid the impression that this is just any old sales
show. The advantages of the various models and marques produced by the Volkswagen group should be
conveyed en passant. The animated films show this
particularly clearly. One notices that the screenplay
writers and directors have been given a great deal of
scope to present their arguments beyond the usual
clichés of speed, safety and maximum technical performance – even at the cost of the statements remain-
ing a little opaque at times. No ready answers are
served up, and no opinions imposed. So most of the
presentations show a noticeable distance from the familiar sales arguments of the advertising strategists:
»Buy me and you will be asserting your social status
and your lifestyle, you will be buying joie de vivre, secu-
rity and fun for your spare time!«

It is greatly to the credit of the creators of the Autostadt that they have had no truck with clumsy per-
suasive devices of this nature and want to treat their
visitors as serious protagonists. But is the average visitor actually interested in all this? Is he or she not more
likely to be concerned with flashy coachwork, horse-
power and cubic capacity? And how can you pay
proper attention to anything when you are dragging
grizzling children around with you who are more interested in the next ice-cream stall than the new VW
Passat? Is it in fact not the role of the leisure industry
to make it possible gulp down impressions and anima-
tions that are always new and always as varied as
they can be – in other words, to stage an »event«?
People want to be kept in a good mood all the time.
There will certainly be people who think that they
were forced to spend too much time in the projection
rooms. And so there had to be some kow-towing to
popular demand: this is particularly obvious in the
Lamborghini Pavilion, where the engine power pack-
age is allowed to howl vociferously, dramatically sup-
ported by clouds of smoke, claps of thunder and light-
ning flashes from spotlights. Striking effects like this
blur the essentially reticent profile of the Autostadt
from time to time.

In this respect, the Seat Pavilion is in an ambiguous
position. It wants to cast its spell over its visitors, but it
does not want to pander to traditional expectations in
the sense of passive reception and easily understood
statements. But quite a lot is promised here: a sensual
journey, expanded spiritual horizons, interactive experiences. From the moment you enter the »Ramblas« to the
point when you immortalize yourself in the electronic
visitors' book at the end of the tour, you are intended
to be sensitized and animated. And more: like Alice,
you are supposed to discover another reality behind
the supposed one, in which the apparently fixed cate-
gories of time and space are absurdly shifted. Because

when Alice steps through the looking-glass, she ends
up in a world where logical thinking and bourgeois utili-
tarianism count for little. It is a place where you move
at enormous speed and yet do not shift a centimetre
from the spot. And two eggs cost less than one.

And the Seat Pavilion wants to play a similar game
with its visitors. Clocks run the wrong way; drops fall
upwards; people get younger rather than older. But
you have to know certain things in advance to be able
to decode these motifs. For example, there are the
surreal-looking discs that hang from the ceiling of the
entrance hall. Who would know how to interpret the
whirling pattern on the front of them as the faces of
clocks that are running backwards? And which unprejudiced visitor will understand the second layer of
meaning concealed behind the abstract design of
lighting effects, sounds and reflecting surfaces; the
dance of the Dervishes, the mercury river and the blue
spring? Is it not asking too much of architecture to
make it the bearer of statements that are not inherent
in its specific resources? Or, positively formulated,
what impressions are retained if one does not try to
interpret them about the extent to which they corre-
spond to a certain prior knowledge about the creative
and significant concept of the building?

Well, a great deal! The urban planning ideas behind
the Autostadt have already been discussed in detail
elsewhere in this introduction. The Seat Pavilion occu-
pies a central position in this landscape park with its
solitaire buildings. It marks not only the actual centre
of the ensemble, but also stands out because of its
gleaming white façades, which also seem to be her-
metically sealed. But the building cannot be identified
as a dominant. Quite the contrary. It is essentially a low
profile strategy that is being pursued here so success-
fully, not least because Arribas is so impressively in
control of his very own métier, the spatial dimensions,
proportions and surface finish. But a completely different impression is given inside the pavilion. Here a fasci-
nating kaleidoscope of pictorial fragments assembling
themselves into constellations that are always new and
different awaits the visitor. And all this can ultimately be
enjoyed without cross-references to literary history and
fashionable philosophical trends. It is not possible to
take the Seat Pavilion in rapidly, and it insists on being
perceived precisely. And having achieved this is already
a great deal in our mindless era, where consumers are
allowed nothing but easily digested bite-size pieces.

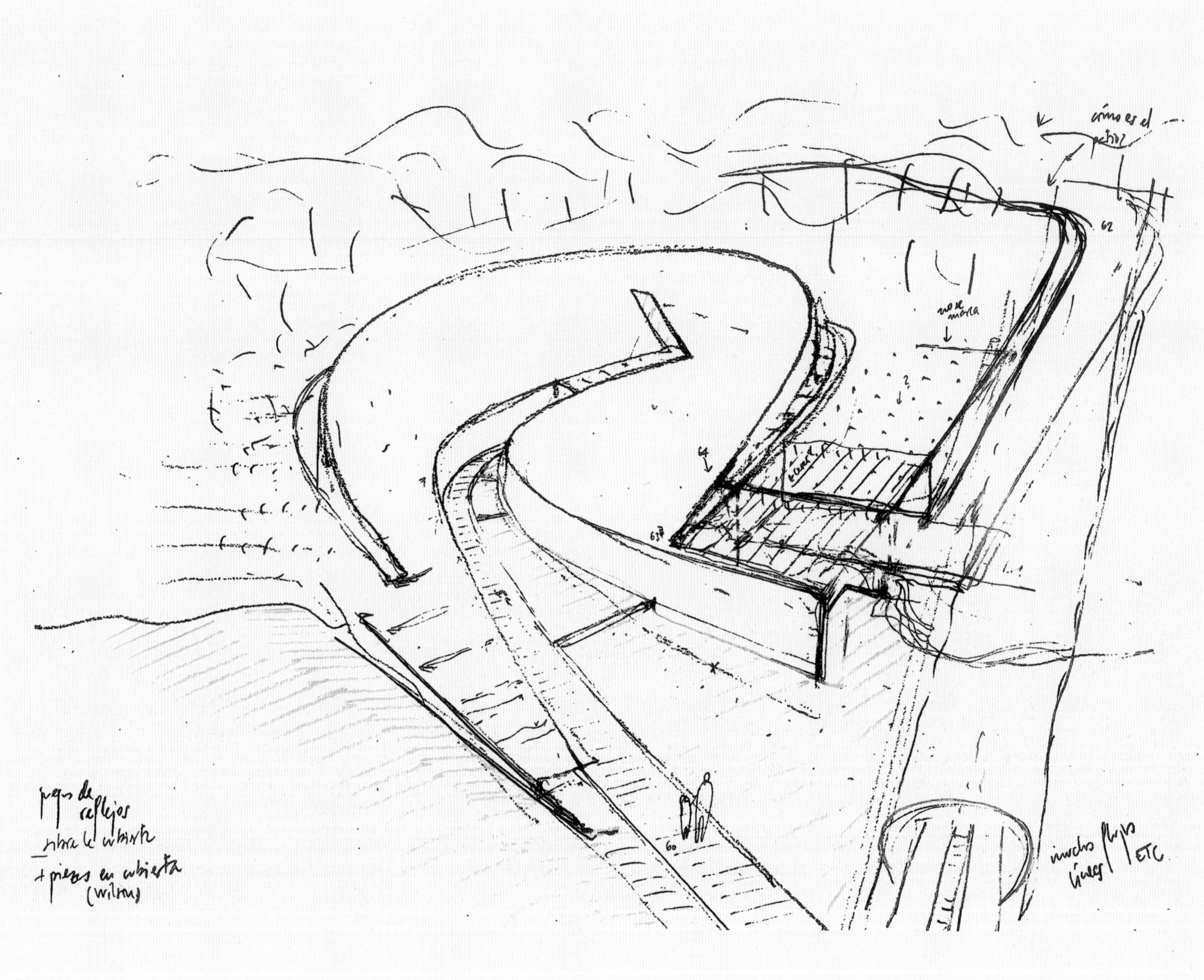

1. Esbozo preparativo de Alfredo Arribas.
2. Imagen por ordenador.

1. Preliminary sketch by Alfredo Arribas.
2. Computer rendering.

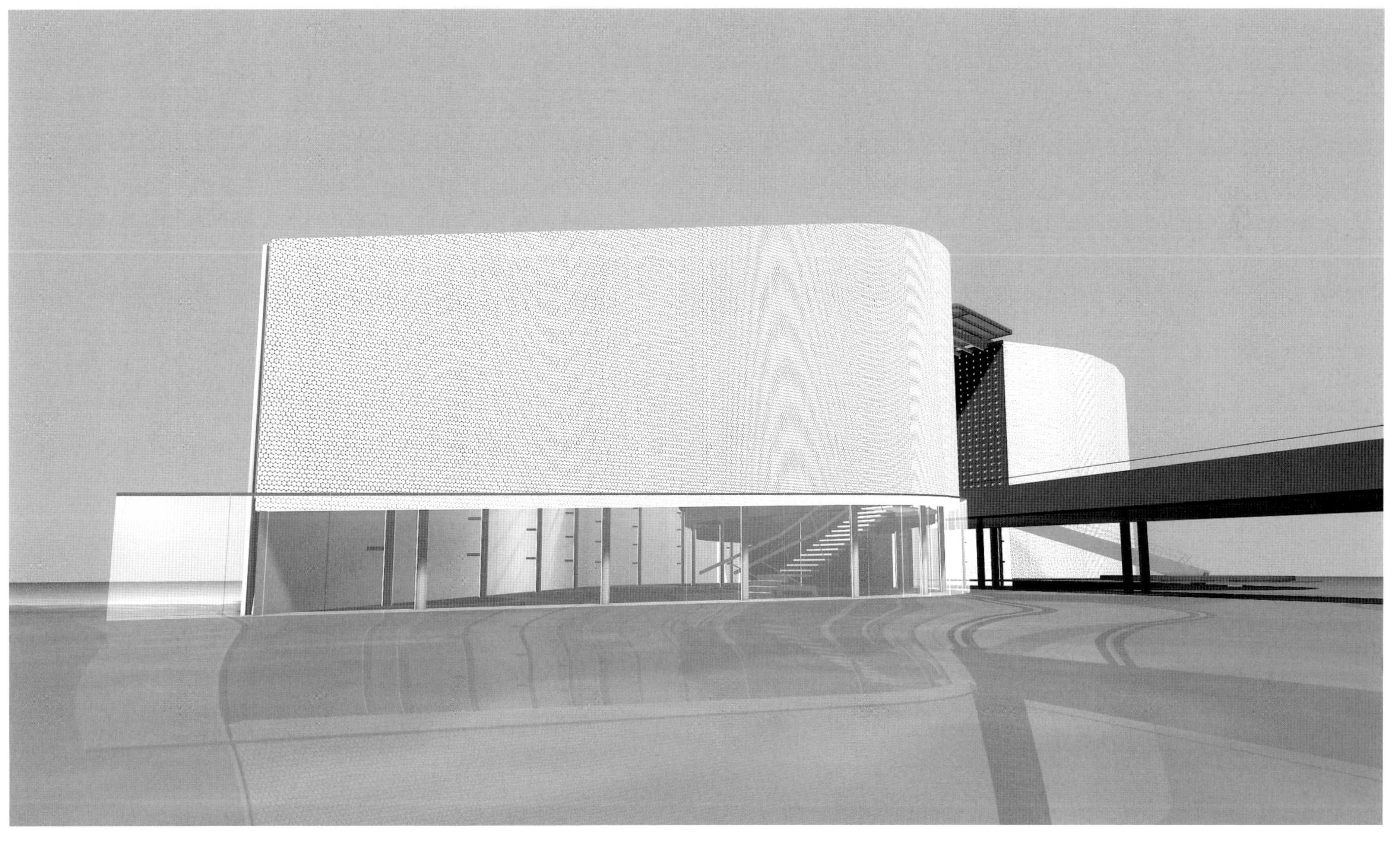

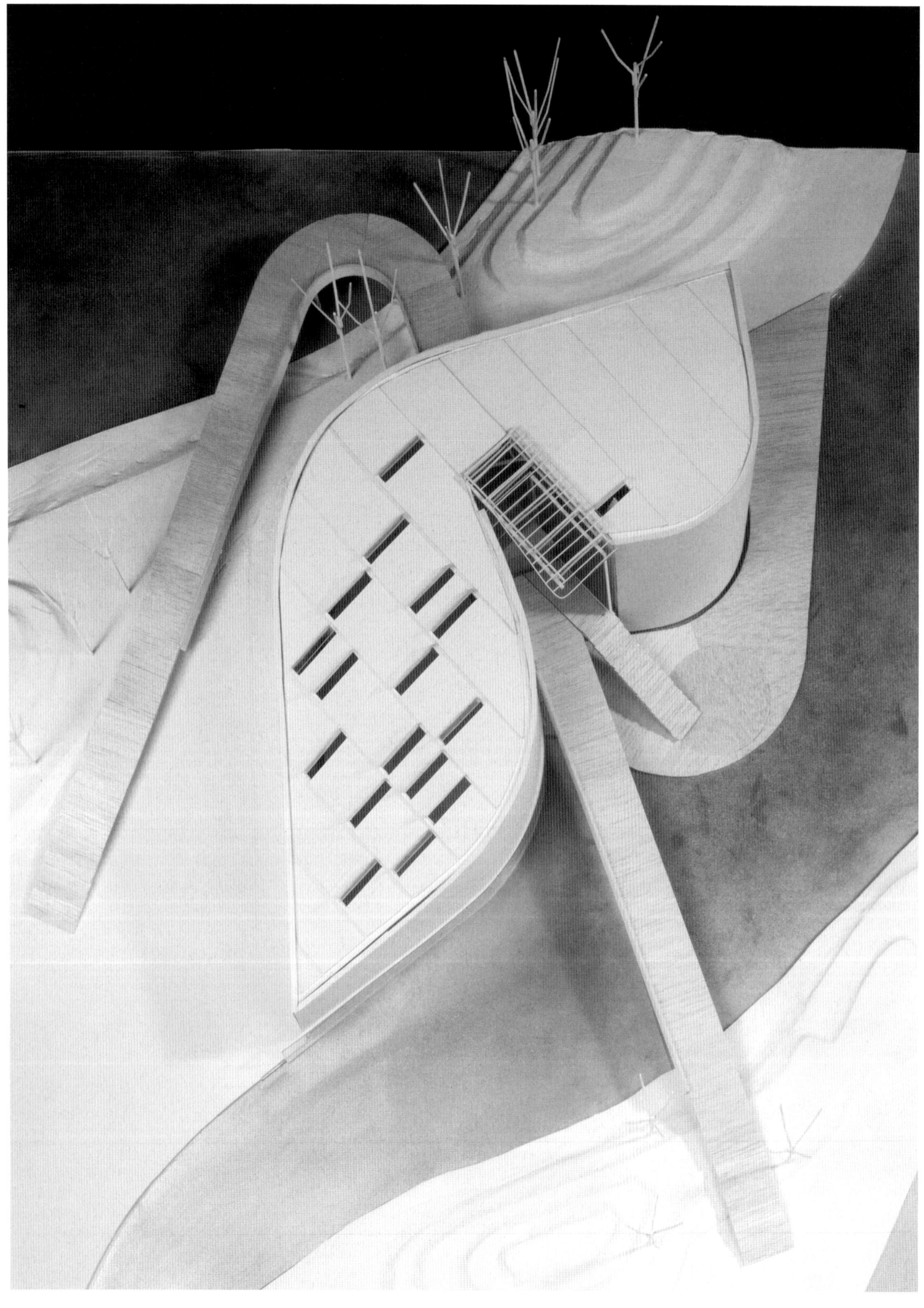

3–5. Maquetas de estudio.

3–5. Study models.

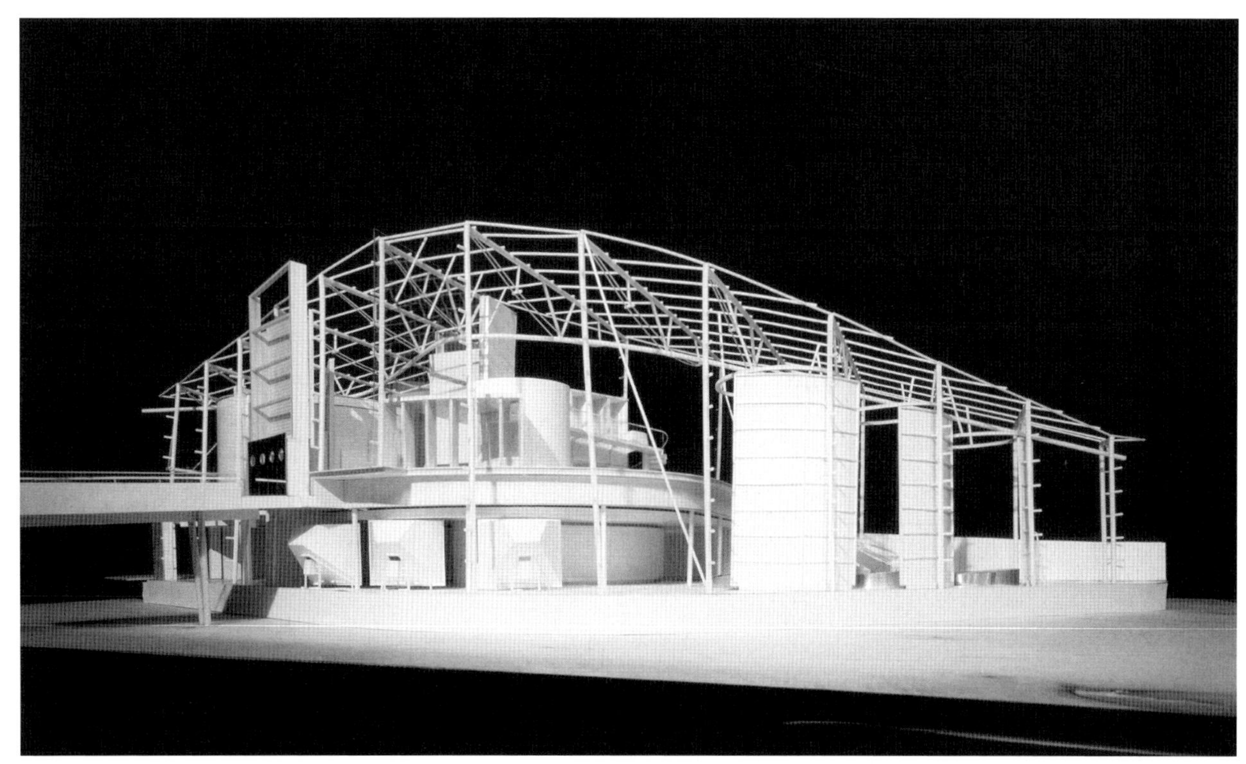

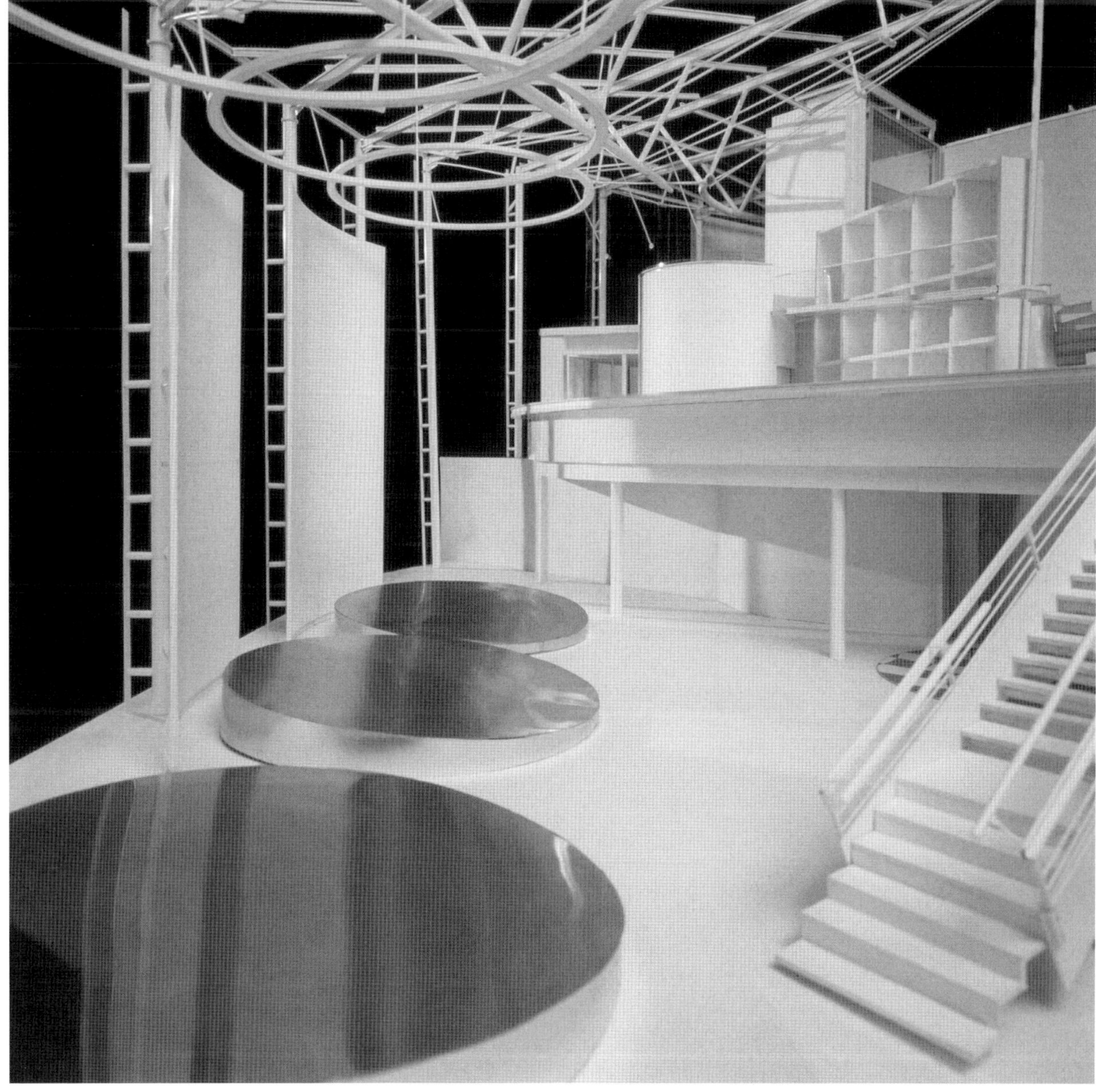

1. Plano del emplazamiento. 1 Pabellón Seat, 2 Pabellón VW, 3 Pabellón Audi, 4 Pabellón Skoda.

1. Site plan. 1 Seat Pavilion, 2 VW Pavilion, 3 Audi Pavilion, 4 Skoda Pavilion.

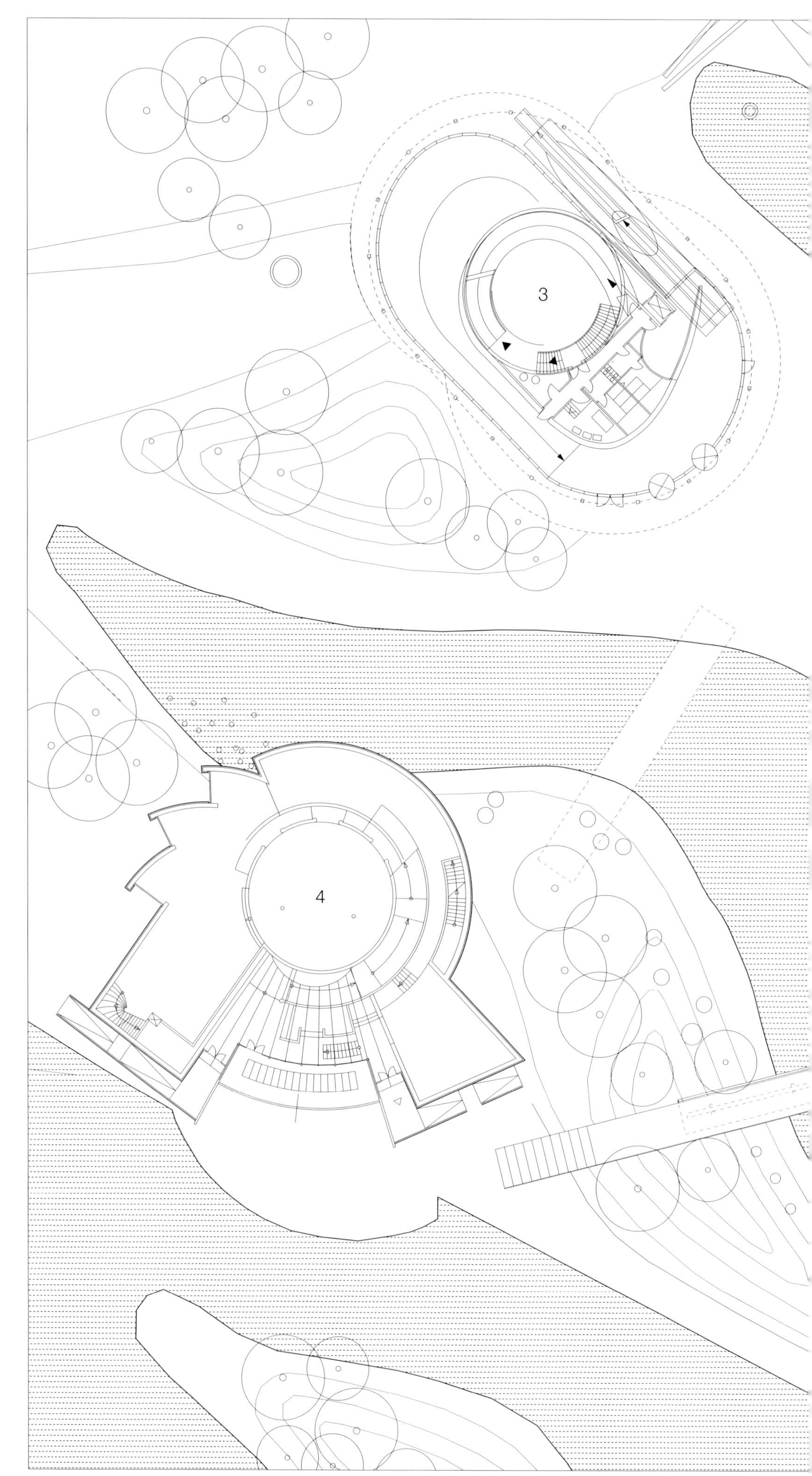

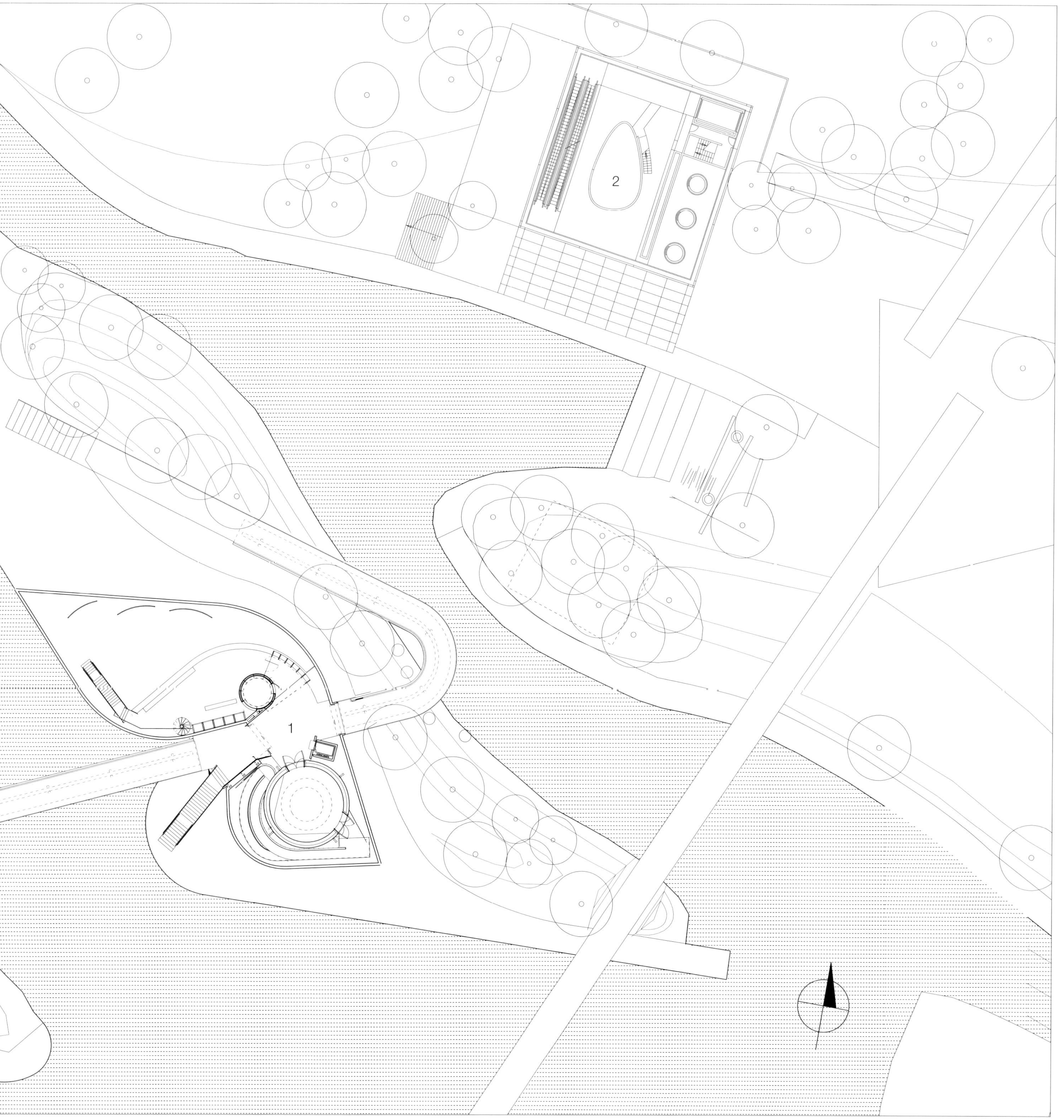

2
1

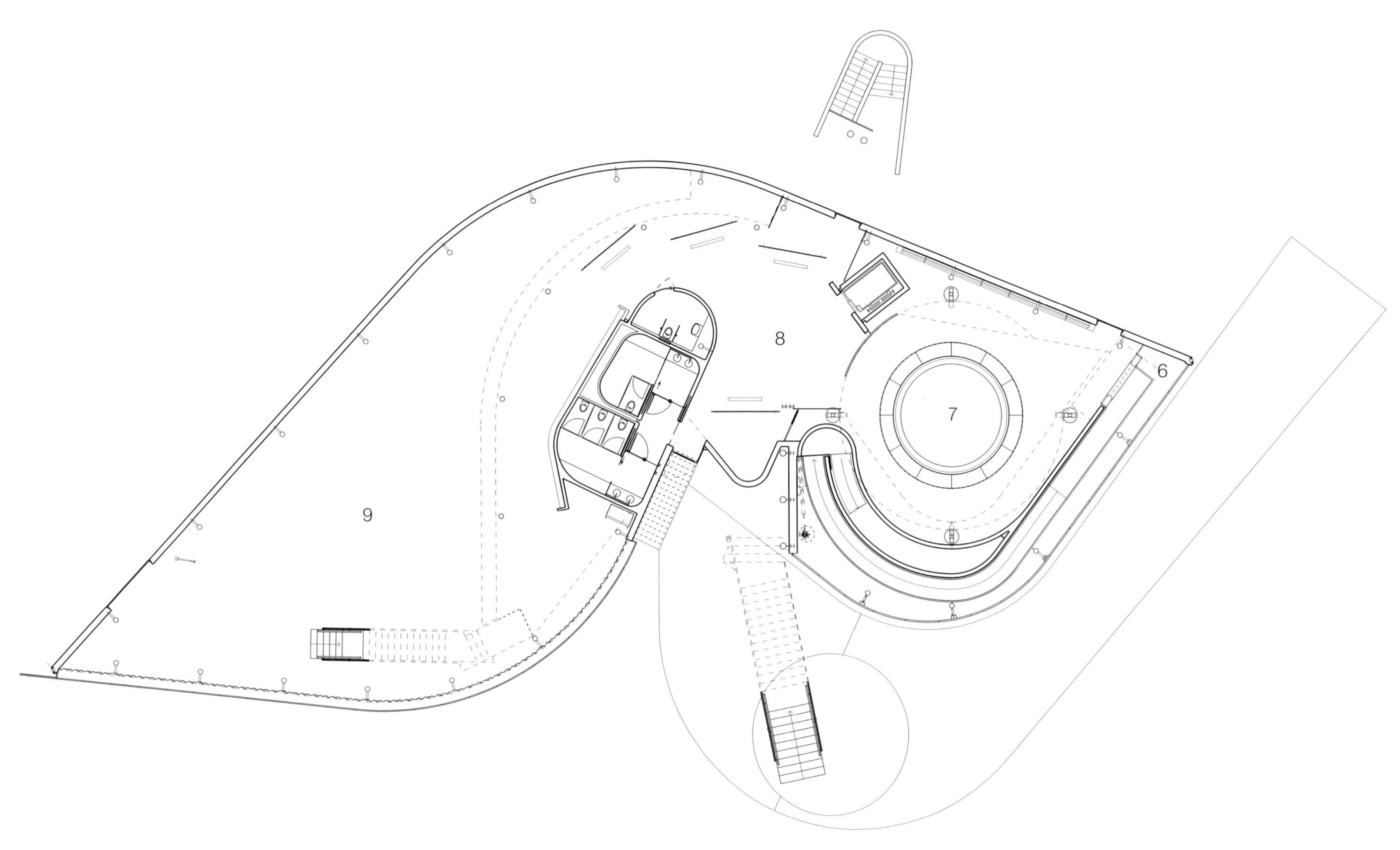

2, 3. Planos (planta baja, primer piso). 1 puente de acceso, 2 vestíbulo, 3 espacio de control, 4 balcón, 5 ciclorama, 6 rampa, 7 sala del prototipo, 8 juegos interactivos, 9 salón de exposición.

2, 3. Floor plans (ground floor, 1st floor). 1 access bridge, 2 entrance area, 3 control room, 4 balcony, 5 cyclorama, 6 ramp, 7 prototype room, 8 interactive games, 9 showroom.

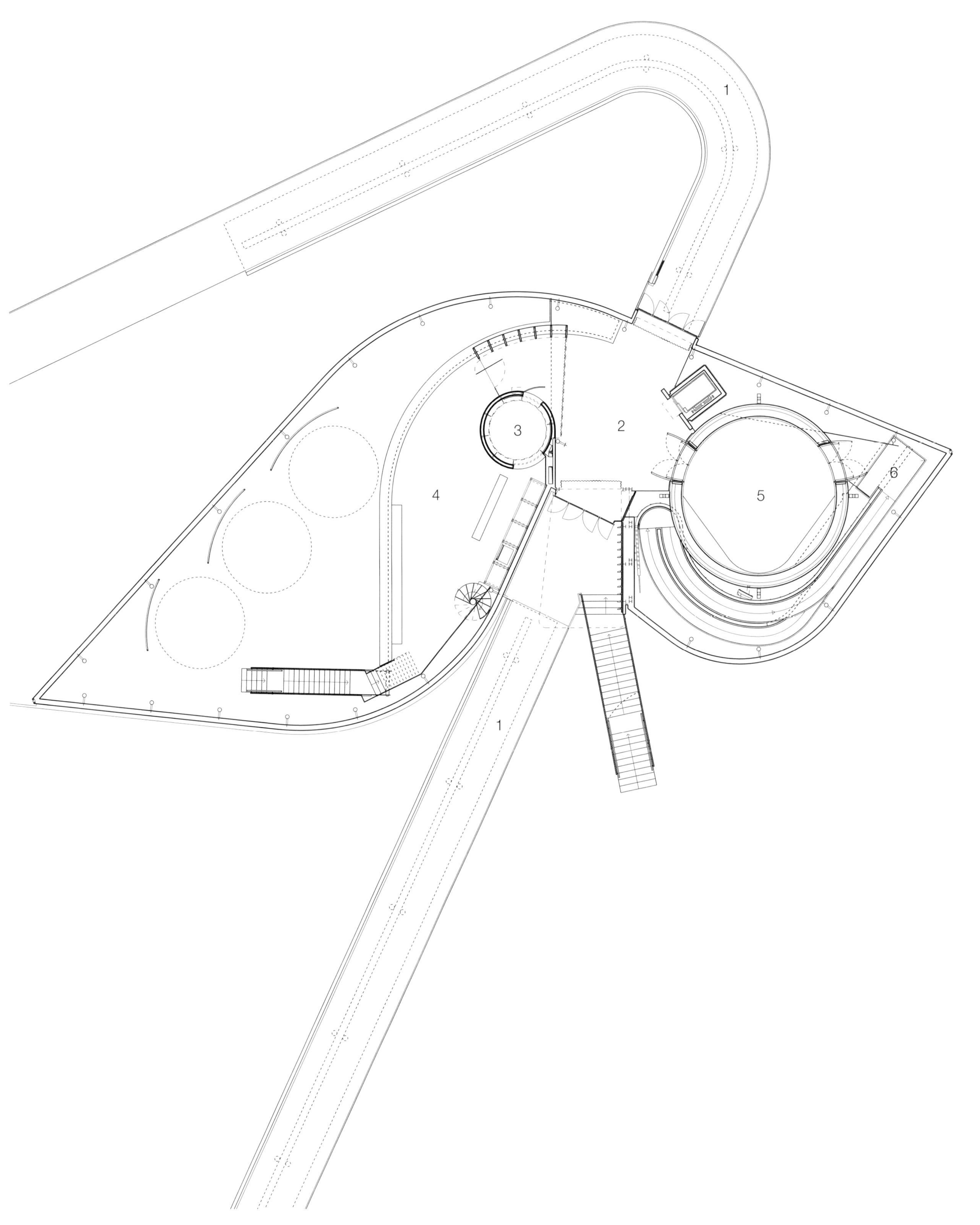

1
2
3
4
5
6
1

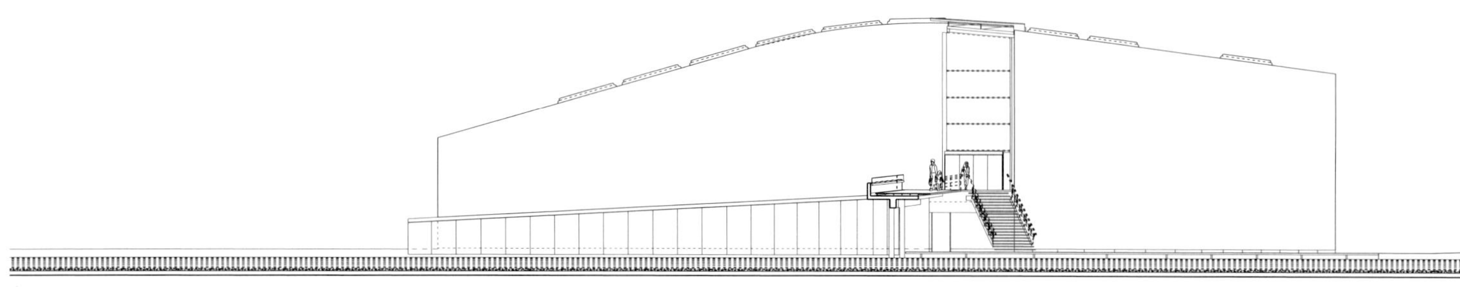

A

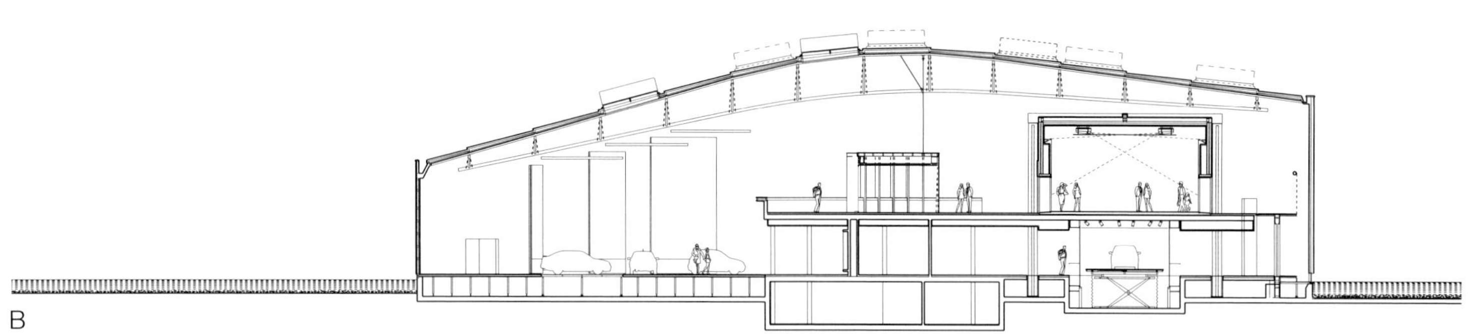

B

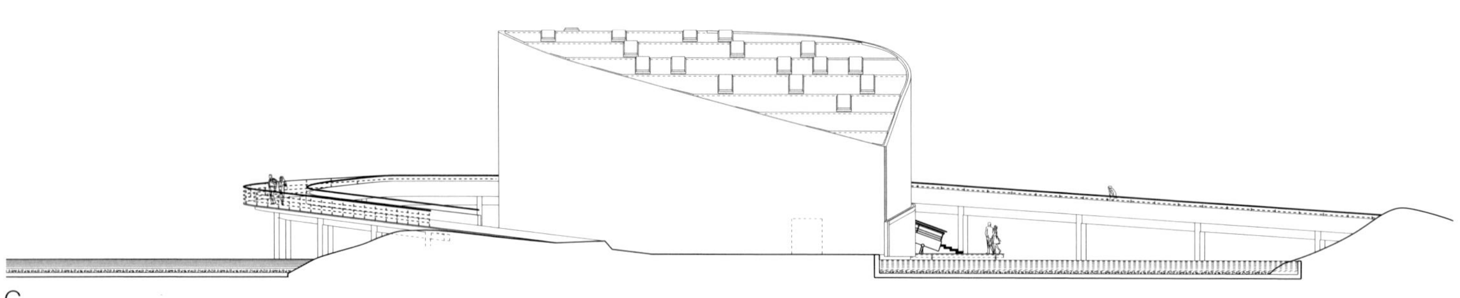

C

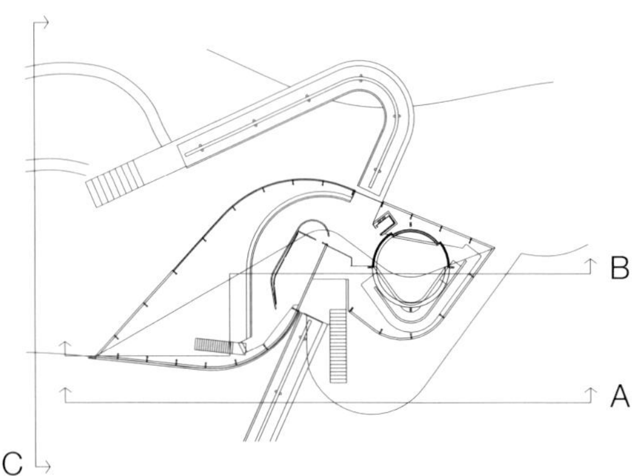

24

4–9. Secciones.

4–9. Sections.

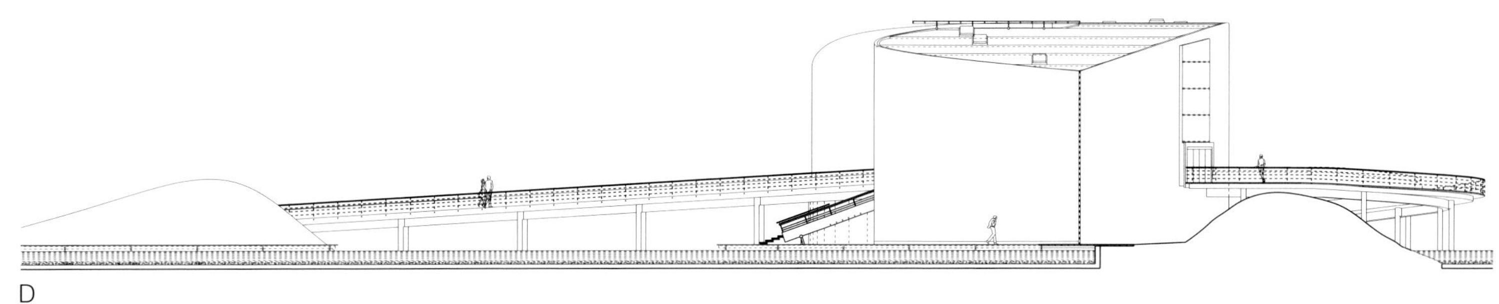

D

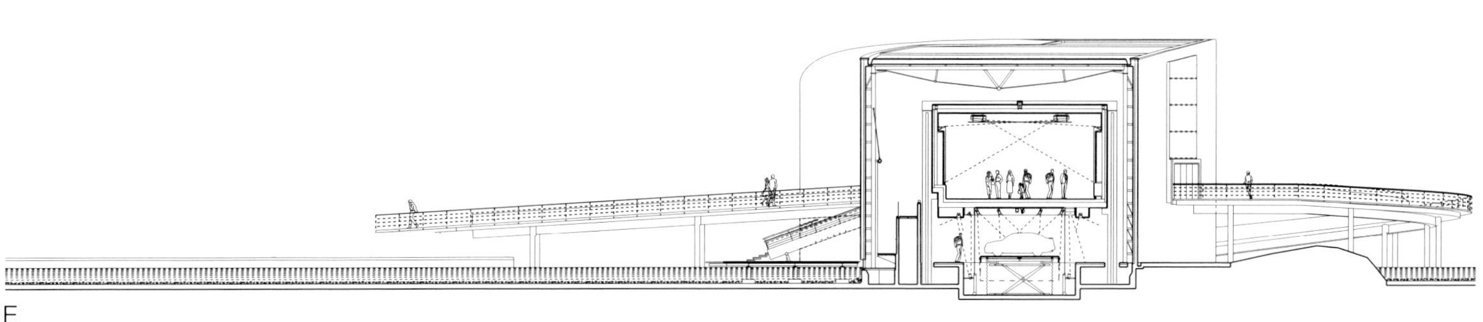

E

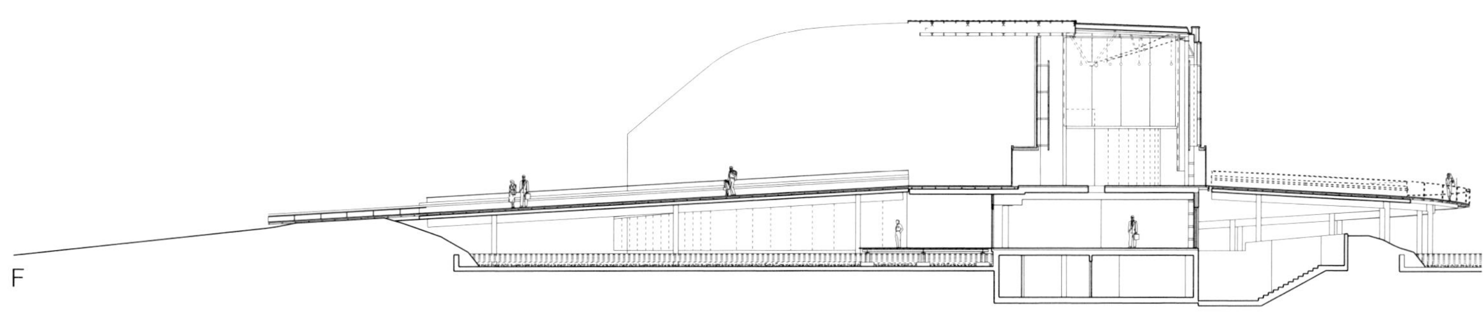

F

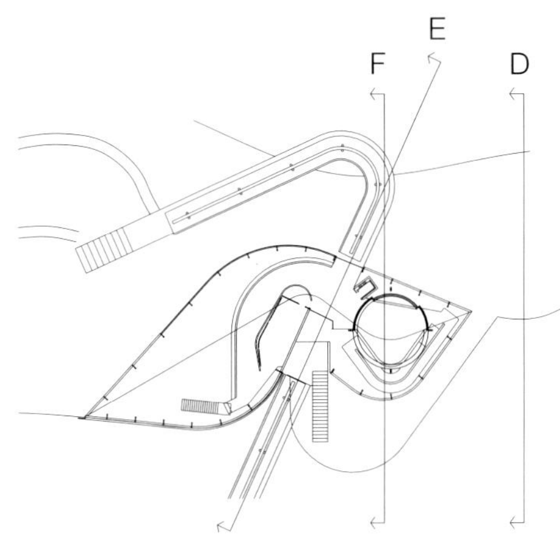

F   E   D

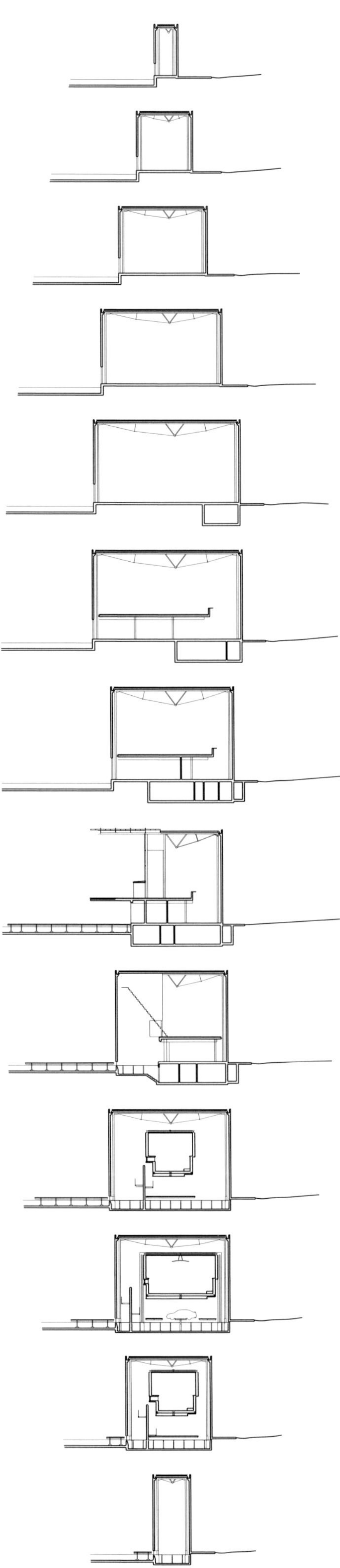

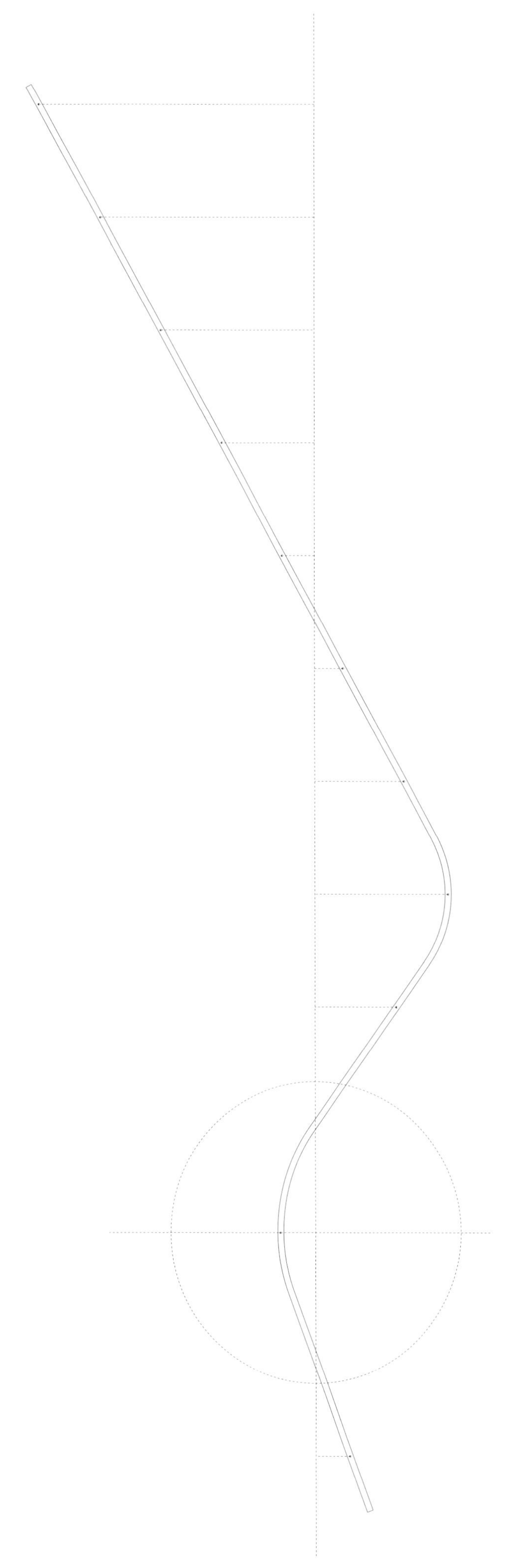

10. Secuencia de secciones en la espina dorsal del
edificio.
11. Espina dorsal con indicación de las secciones.
12. Estructura de la cubierta.

10. Sequence of sections through the building spine.
11. Building spine with indication of the sections.
12. Roof structure.

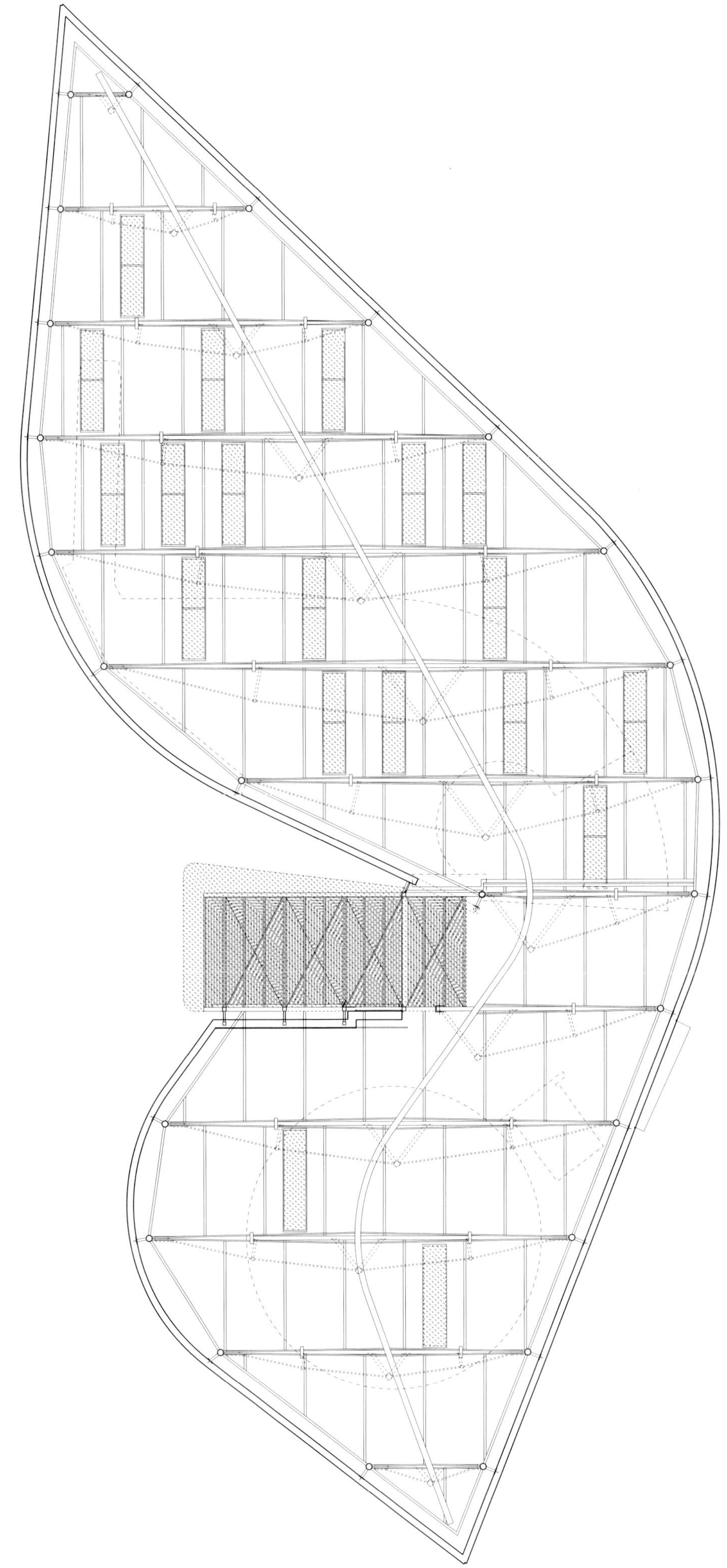

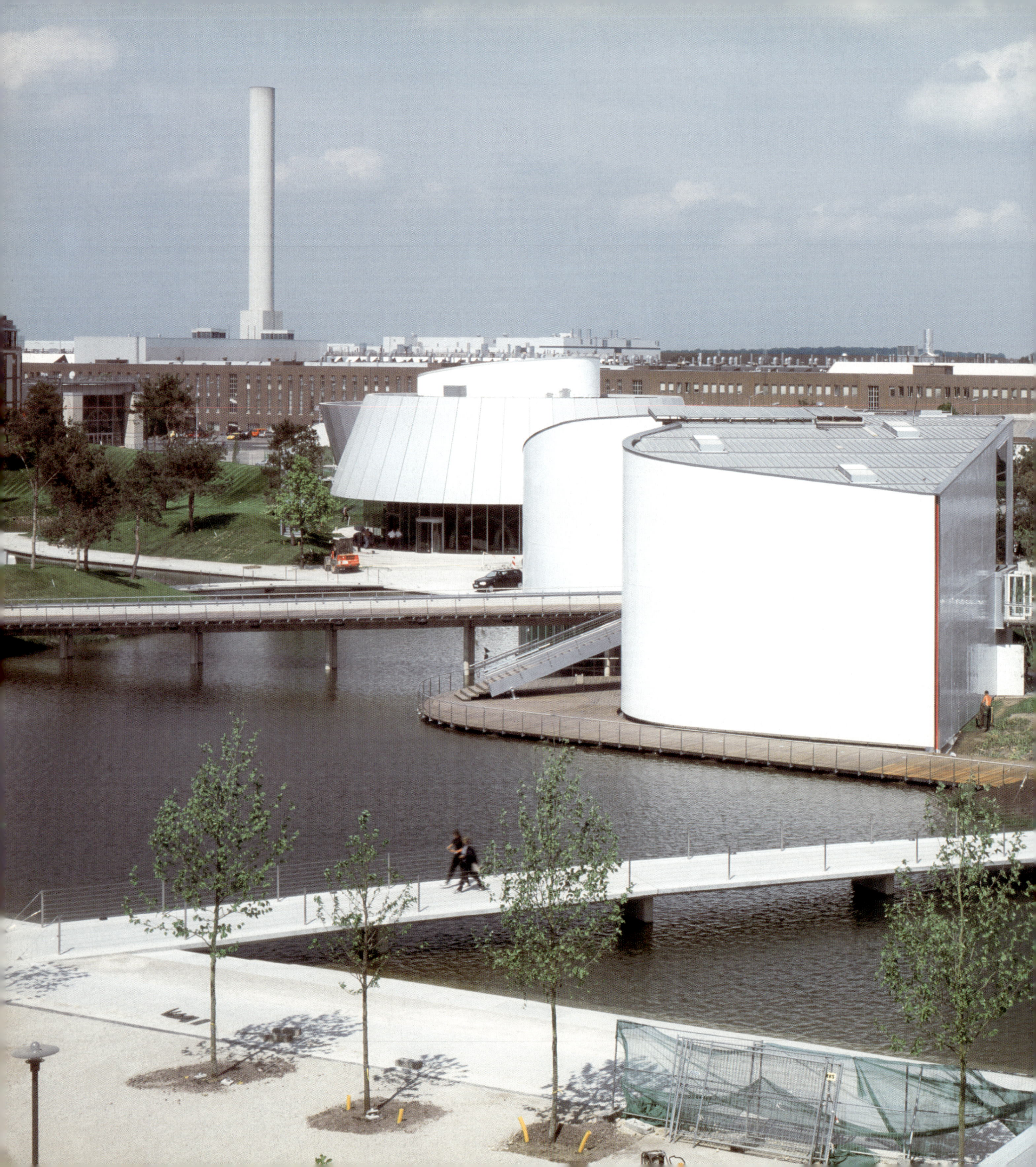

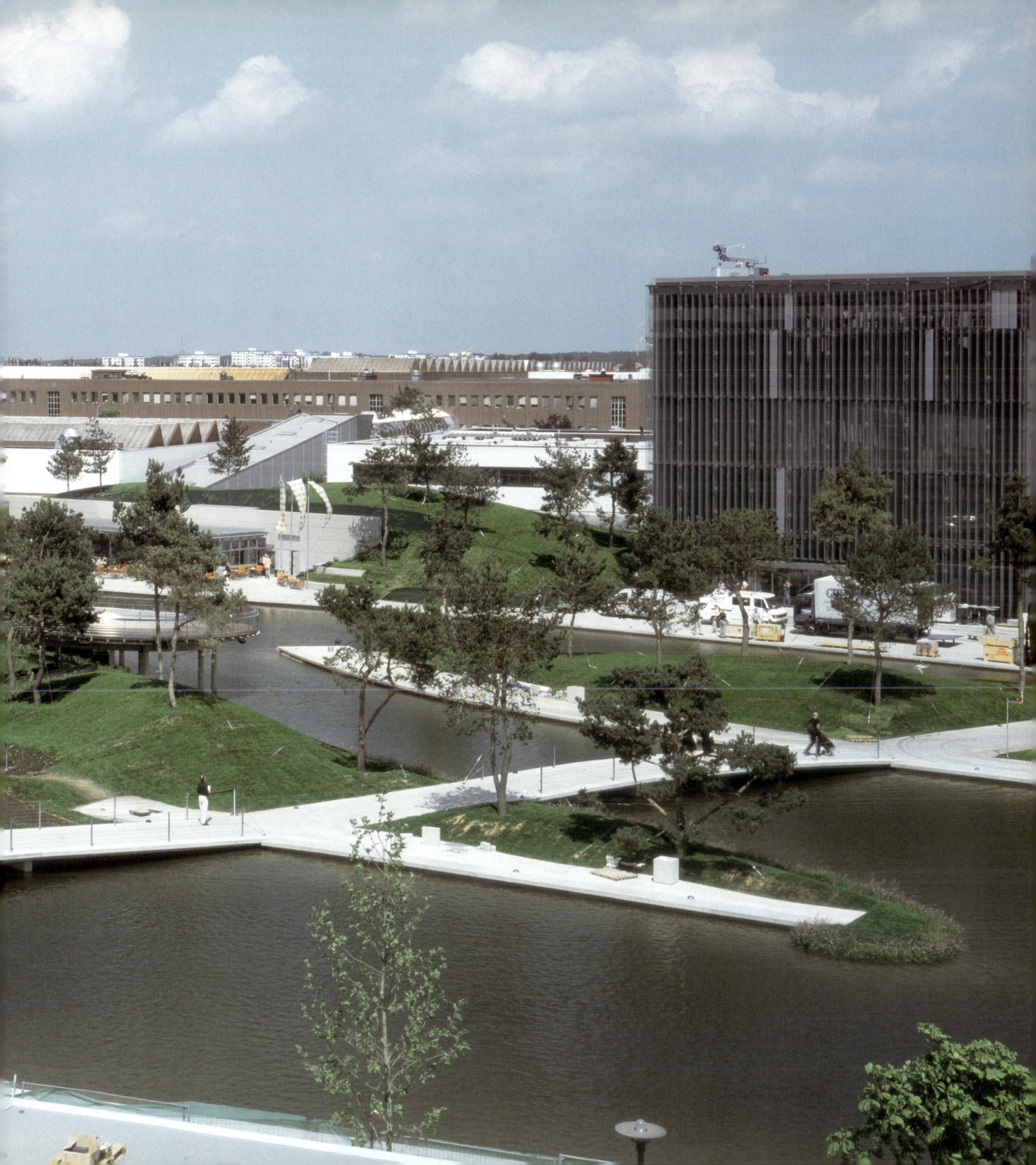

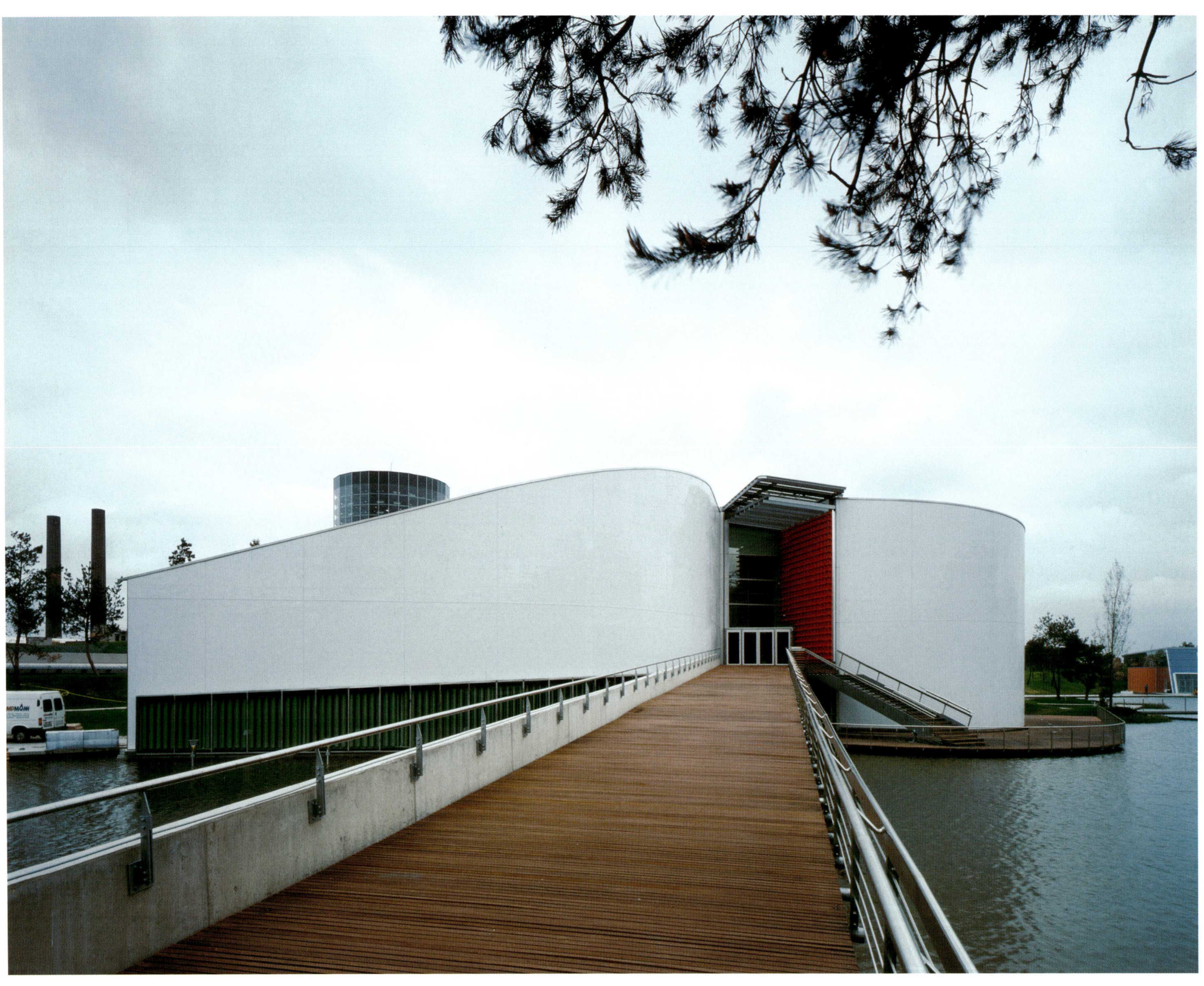

pp. 28/29
1. Vista general desde el sudeste.

2. Vista general desde el sudoeste.
3, 4. Vistas generales desde el sur.

pp. 28/29
1. General view from the southeast.

2. General view from the southwest.
3, 4. General views from the south.

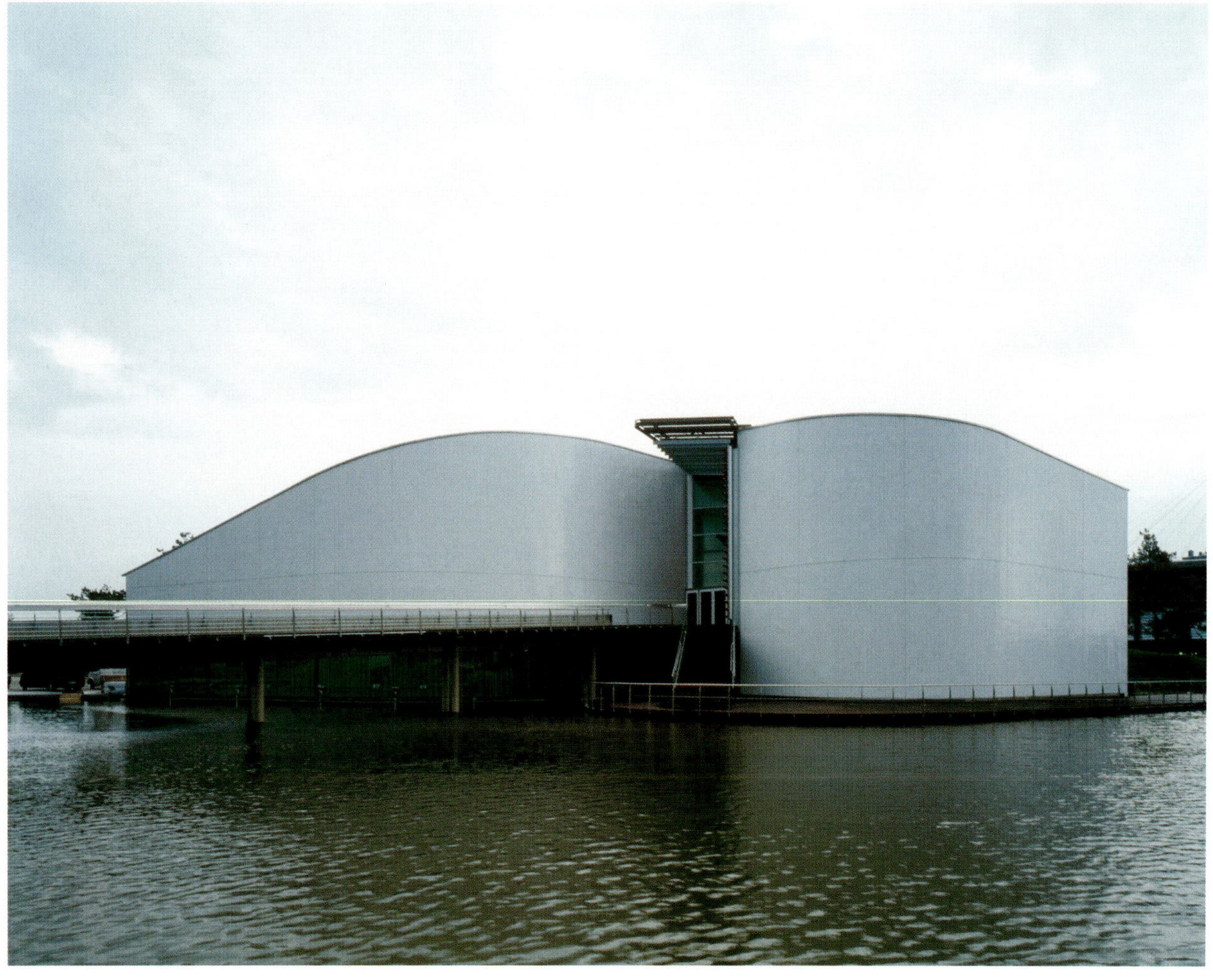

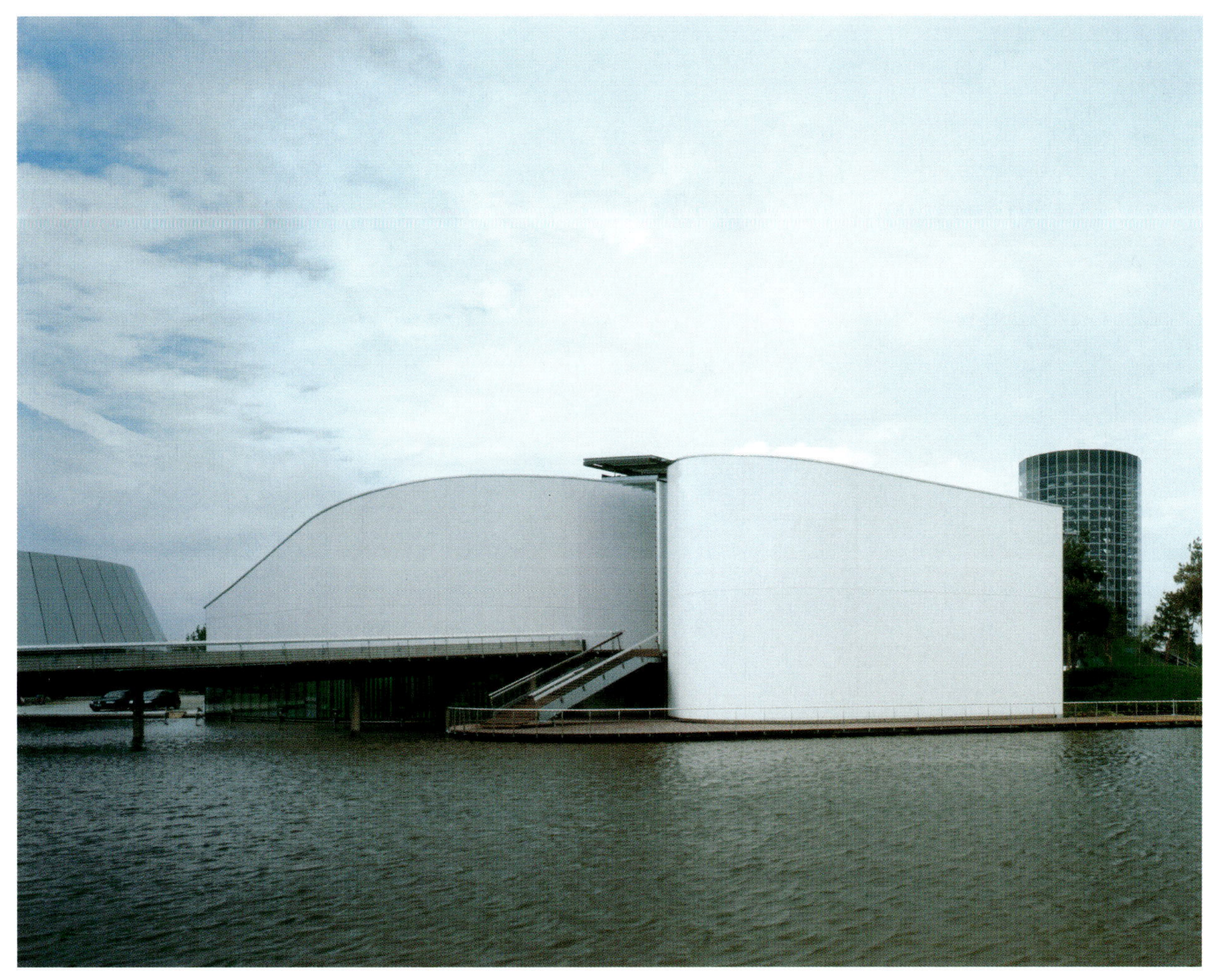

5. Vista general desde el sudeste.
6. Vista general desde el este.
7. Vista general desde el norte.

5. General view from the southeast.
6. General view from the east.
7. General view from the north.

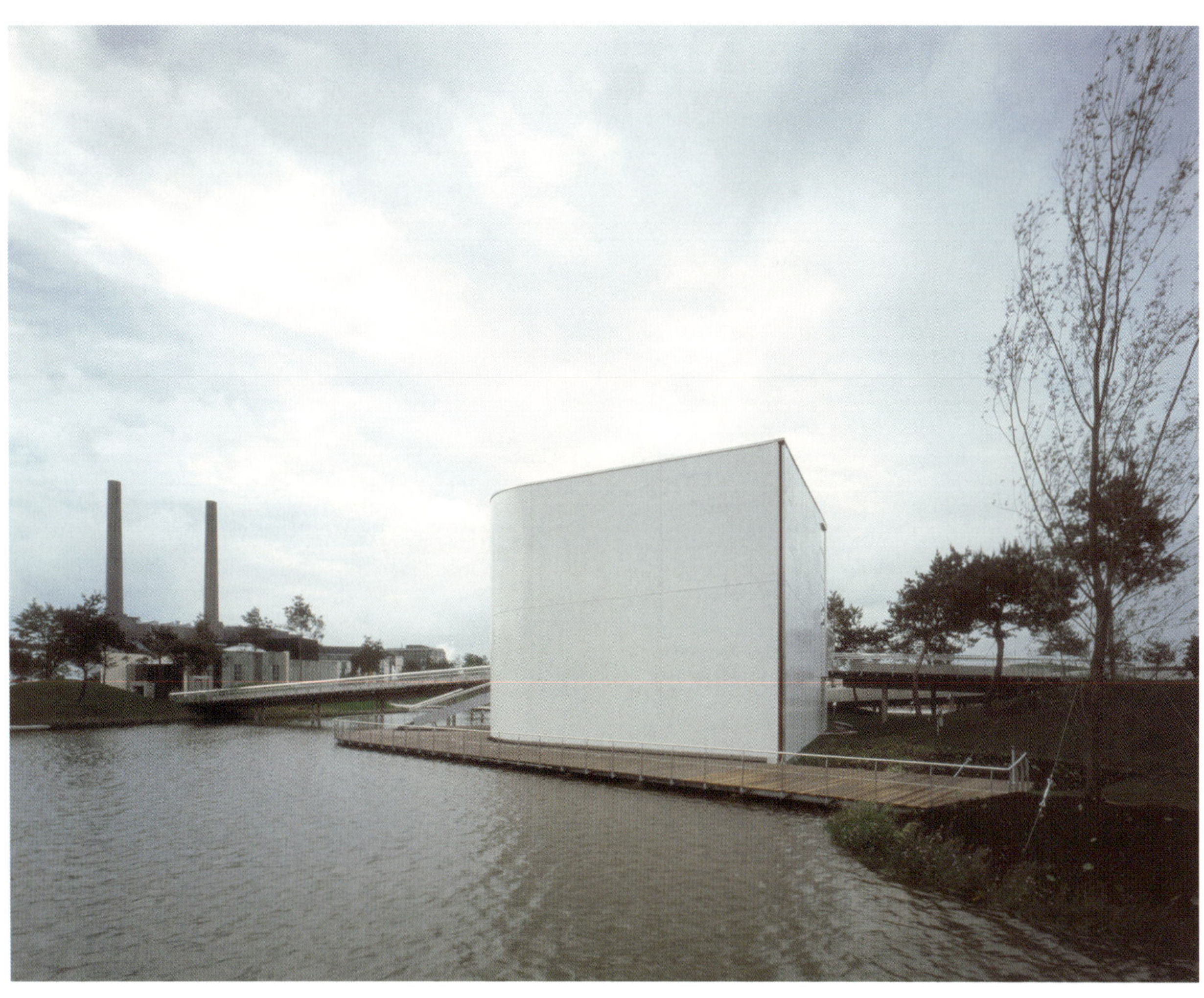

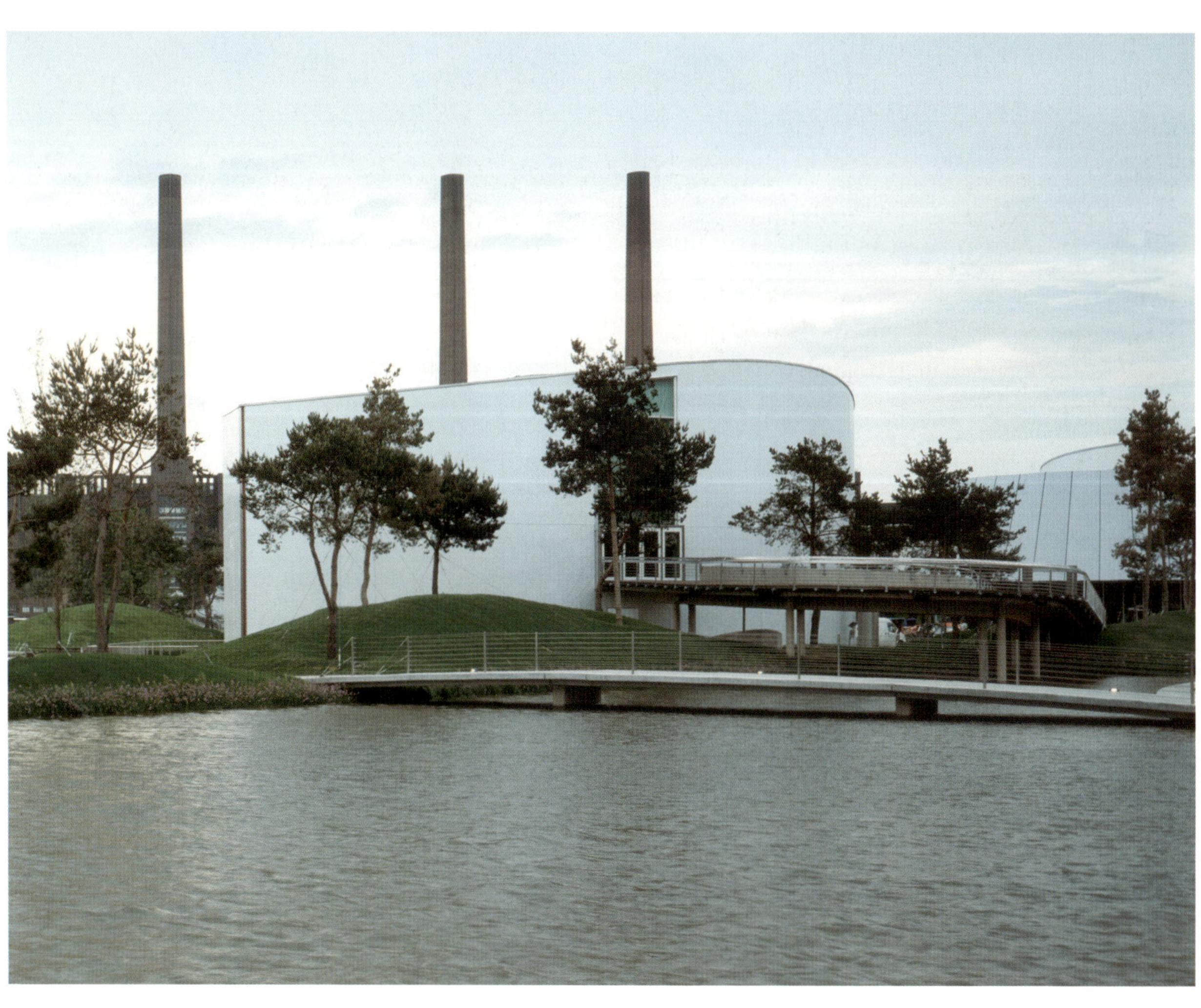

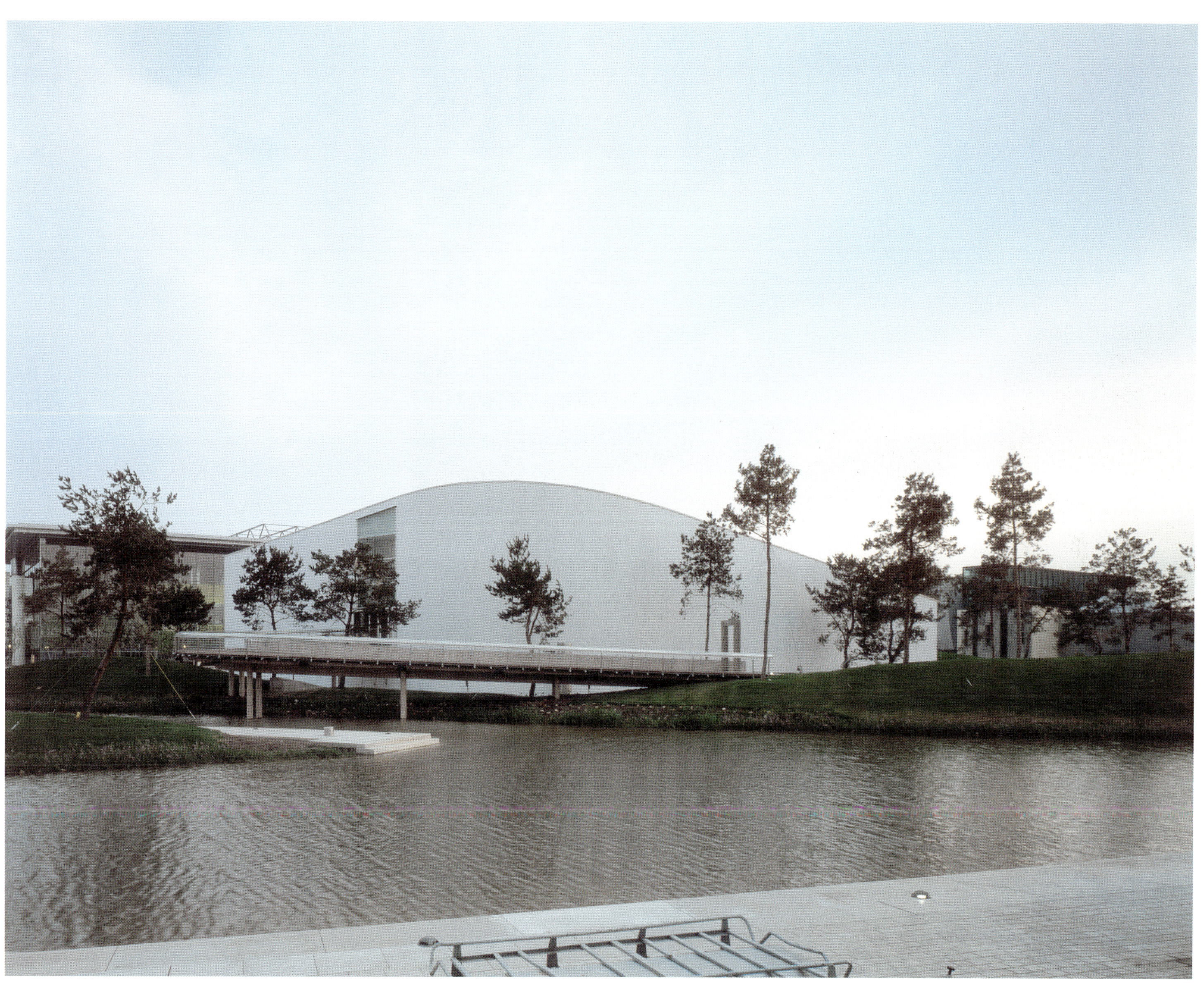

8, 9. Vistas generales desde el oeste.
10. Vista hacia la entrada del sudoeste.

8. 9. General views from the west.
10. View towards the southwest entrance.

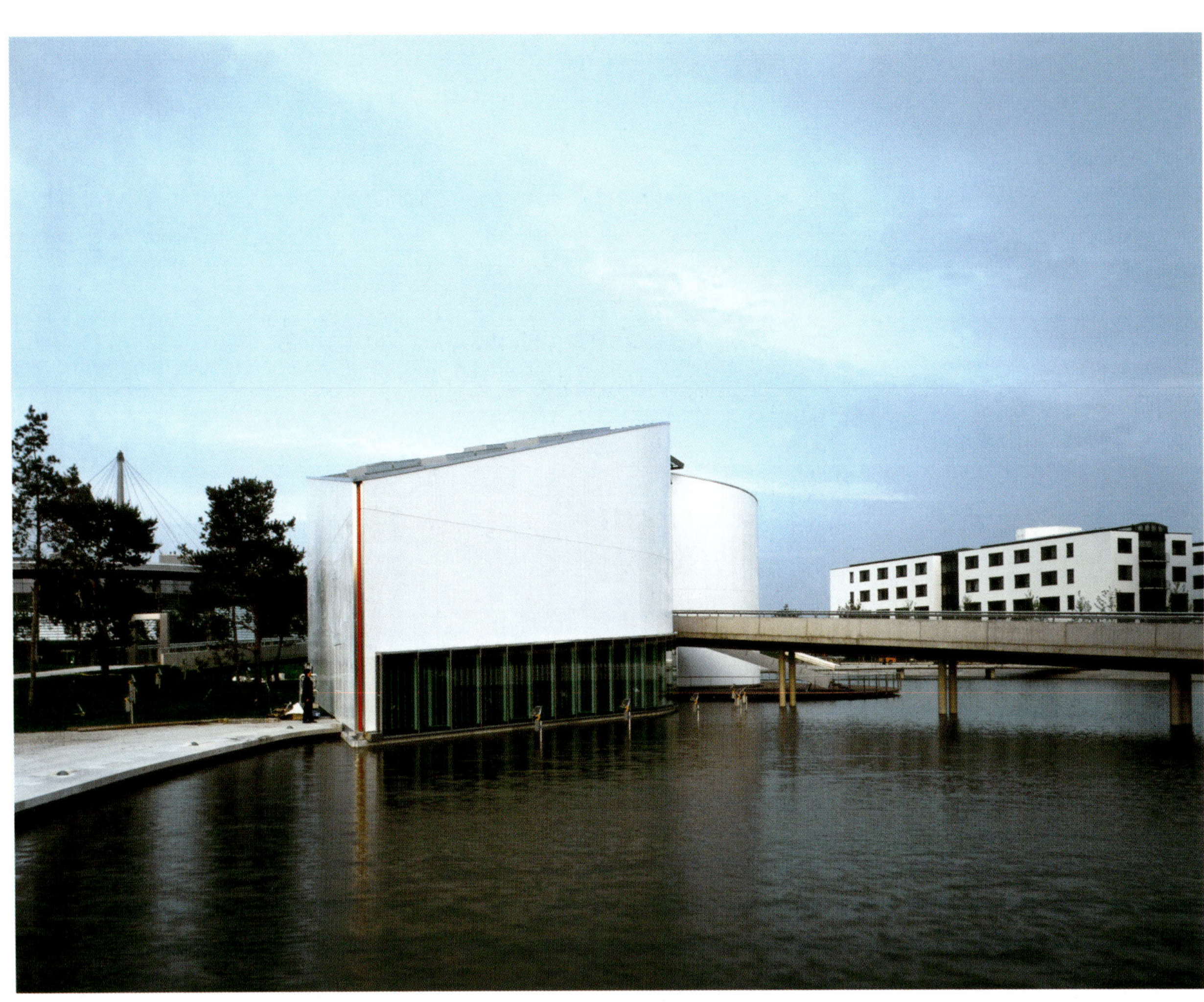

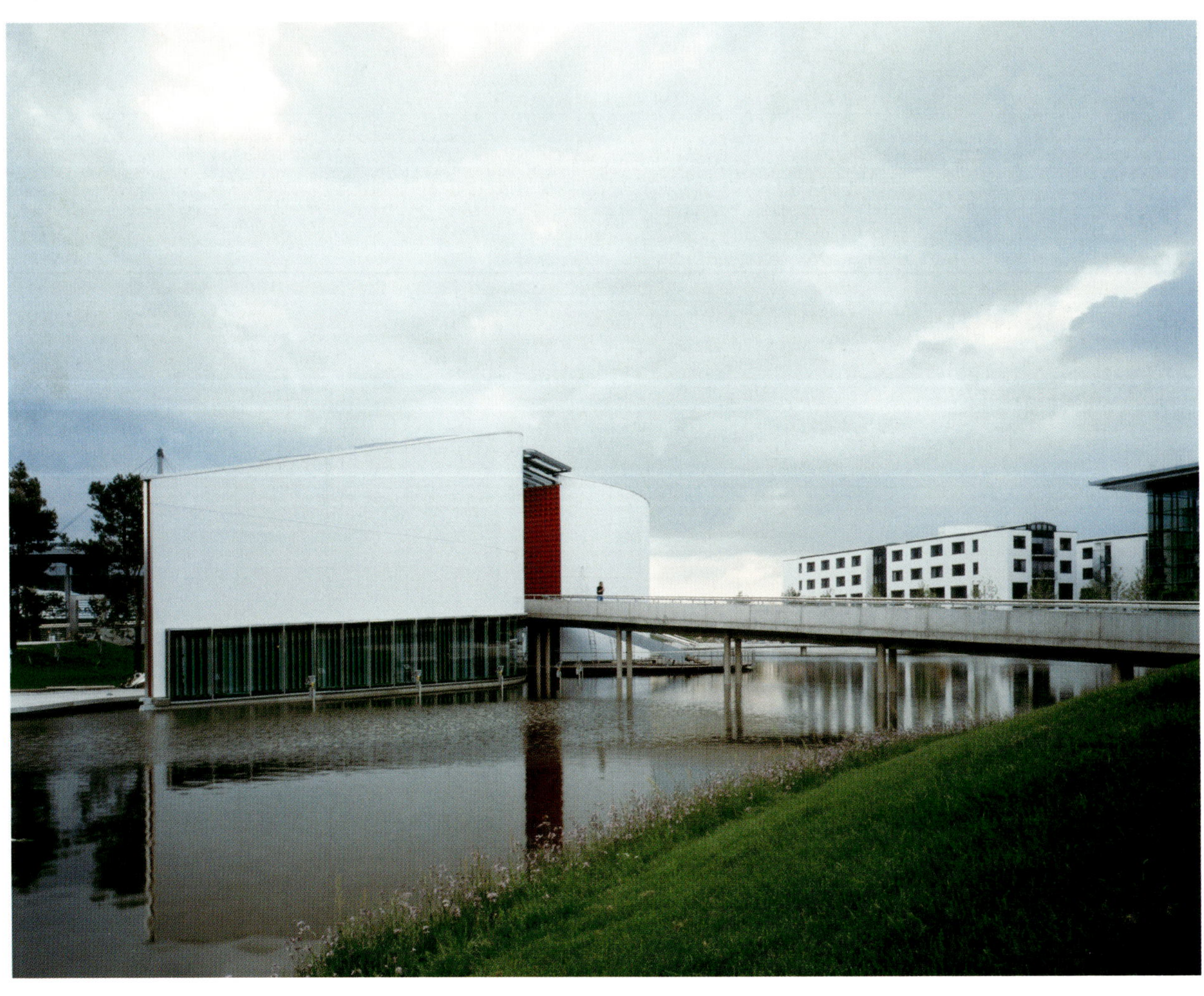

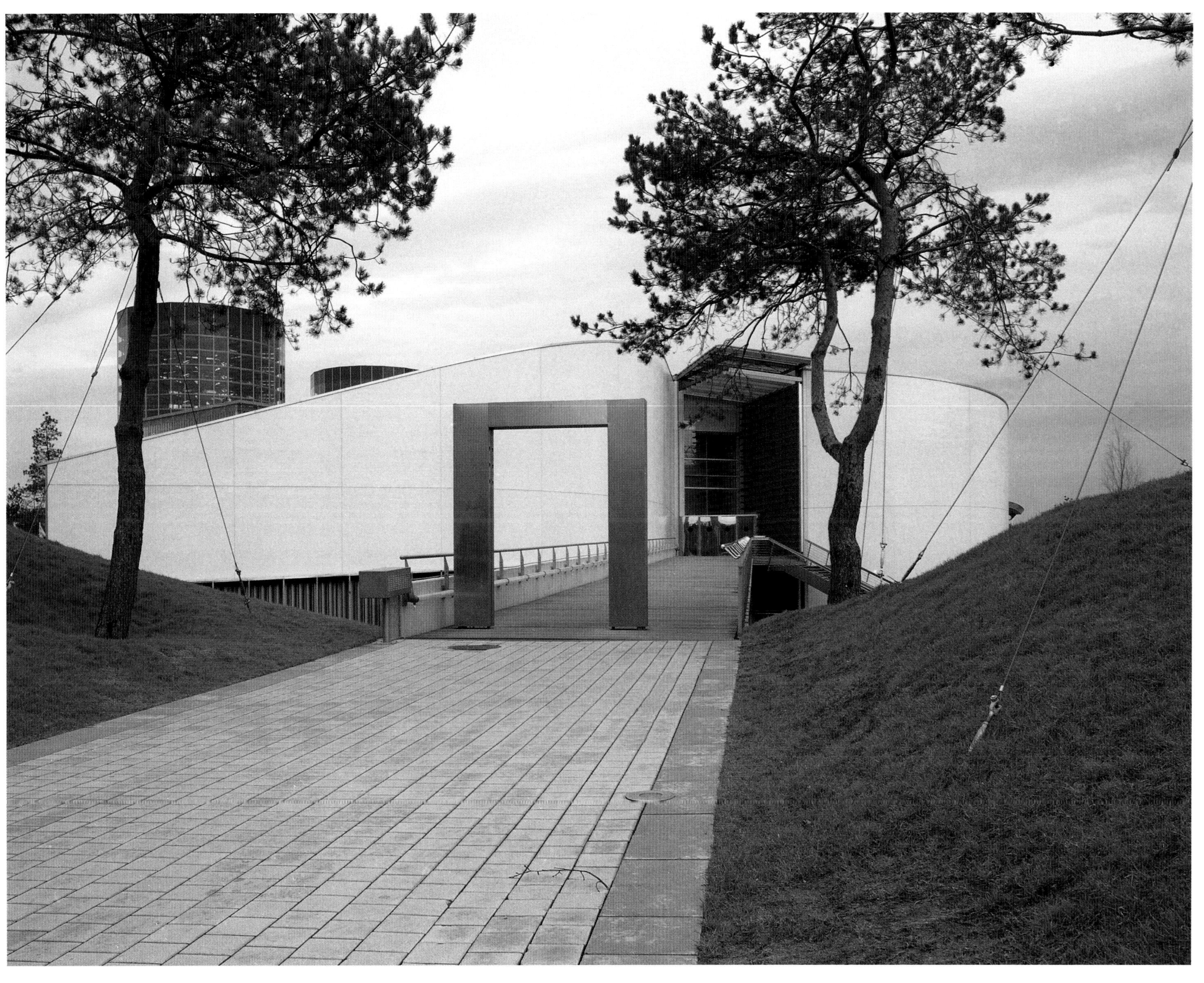

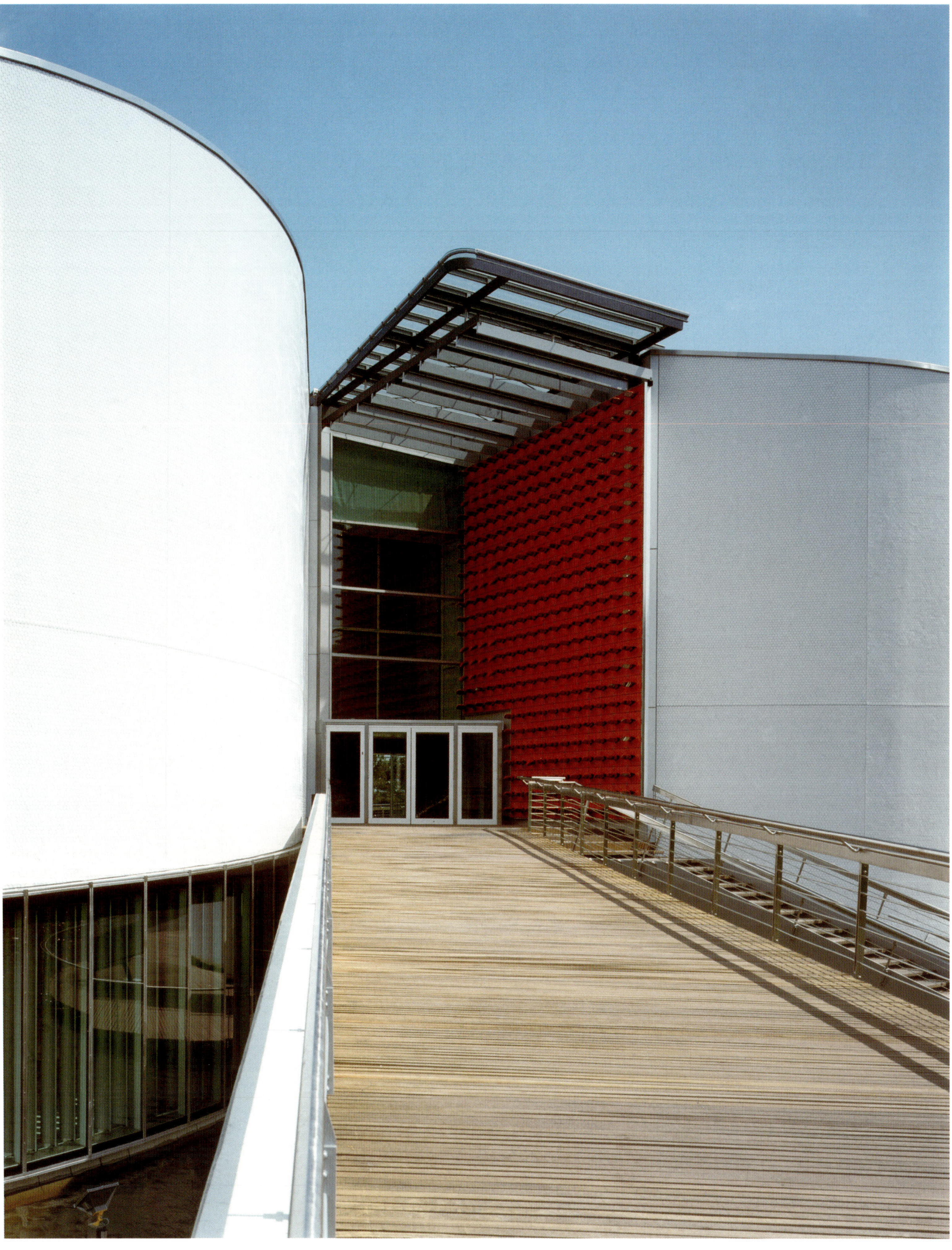

11. La entrada sudoeste.

11. The southwest entrance.

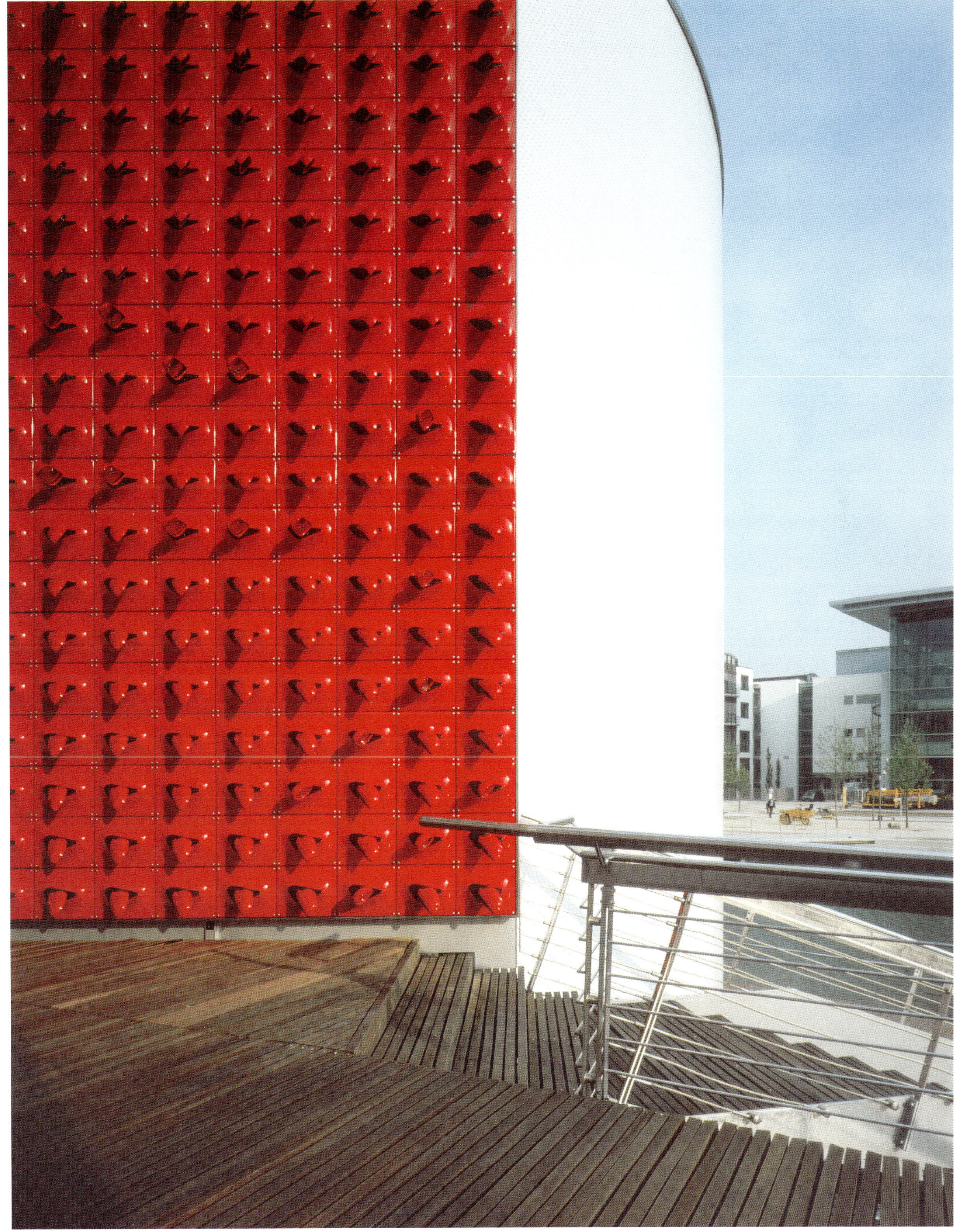

12. El «mural» de la
entrada sudoeste.

12. The »mural« of the
southwest entrance

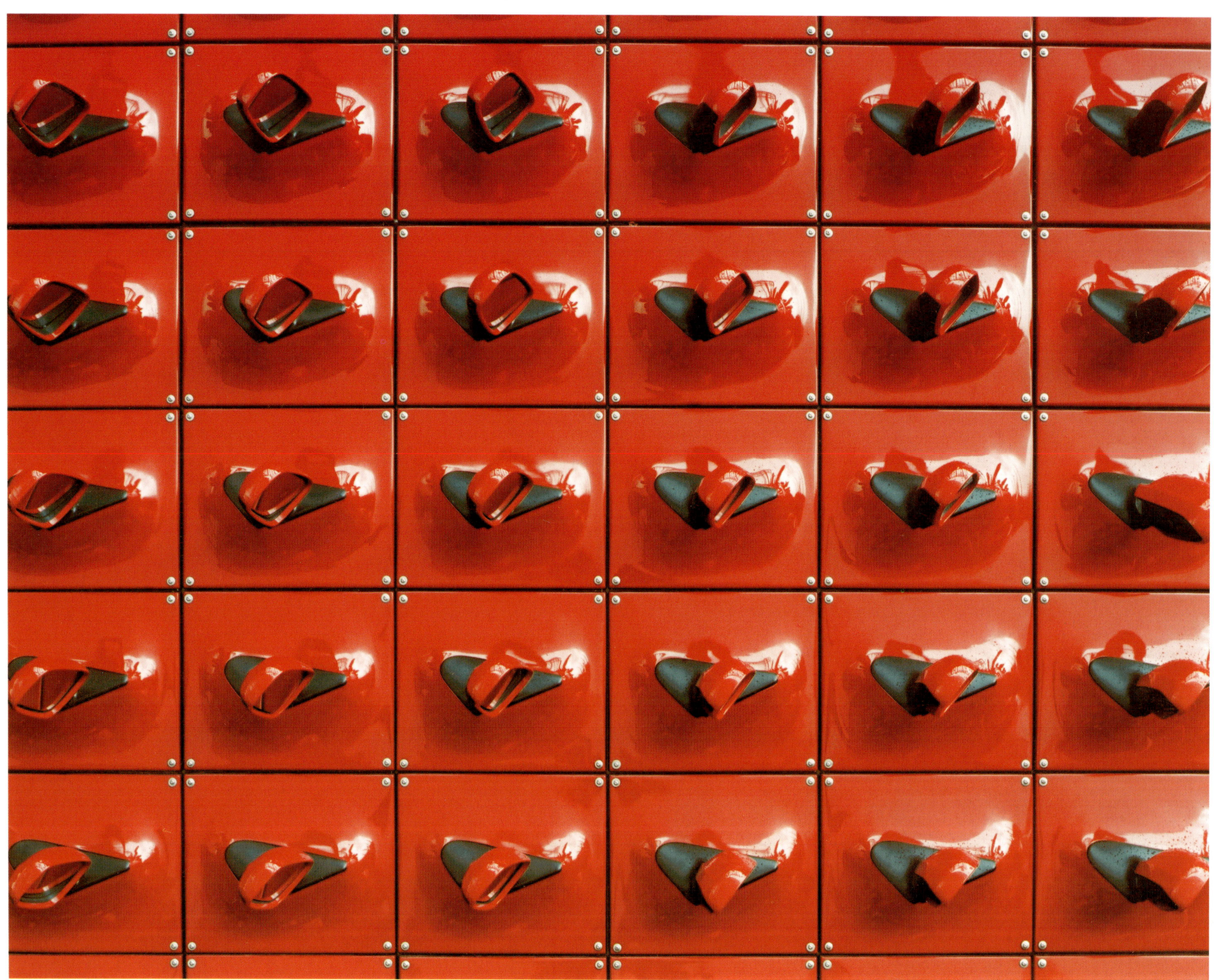

38

13–15. El «mural» de la entrada sudoeste.

13–15. The »mural« at the southwest entrance.

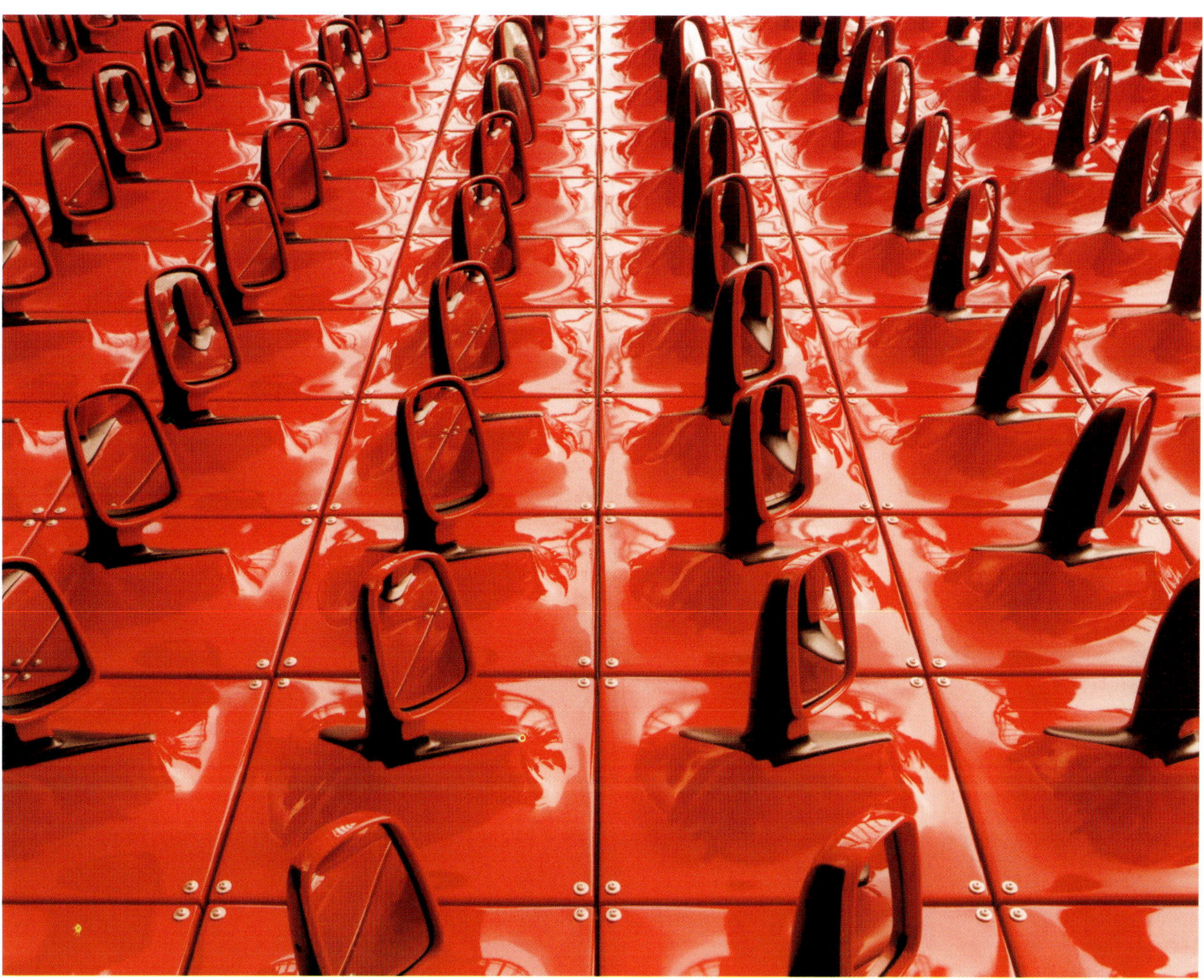

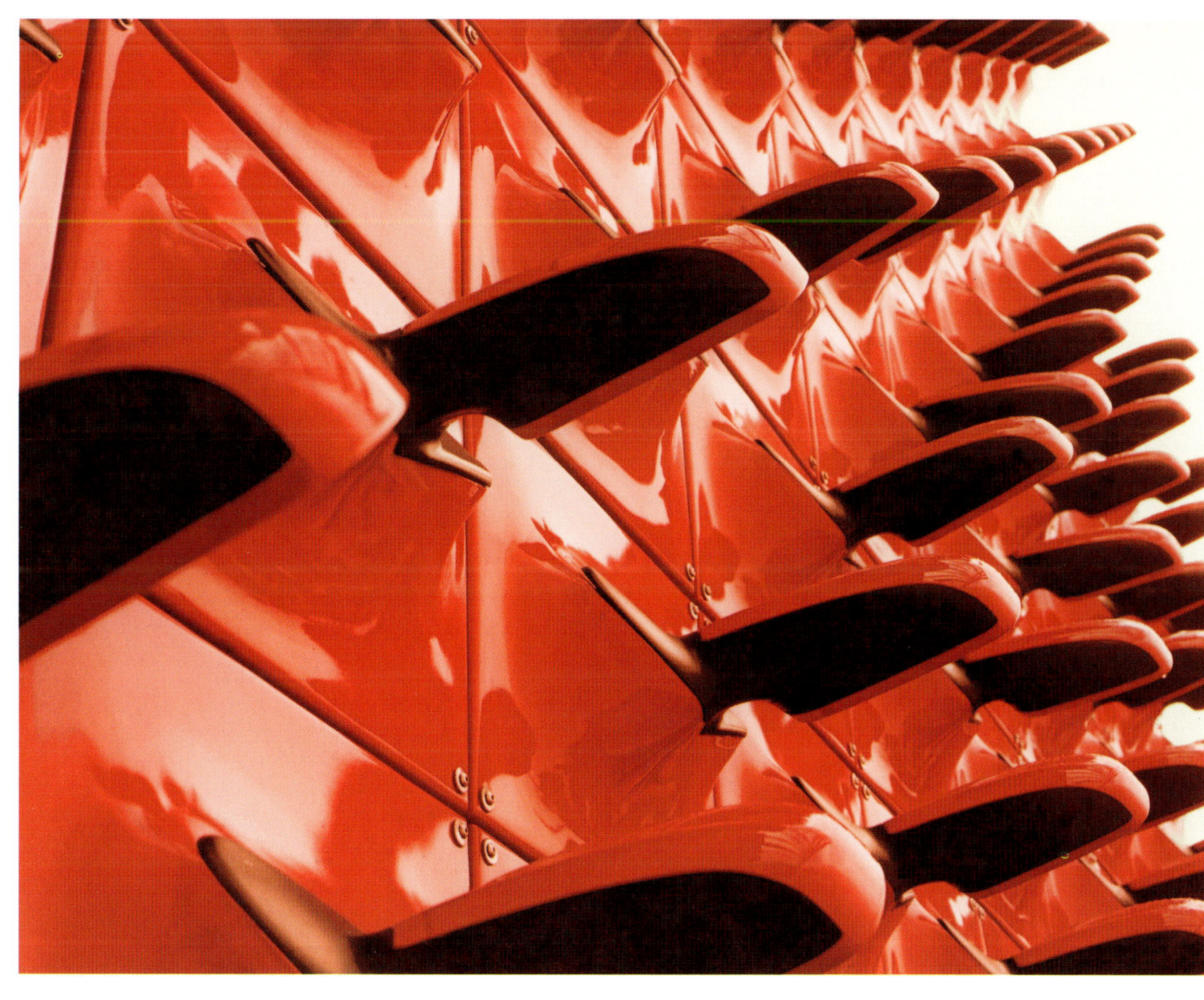

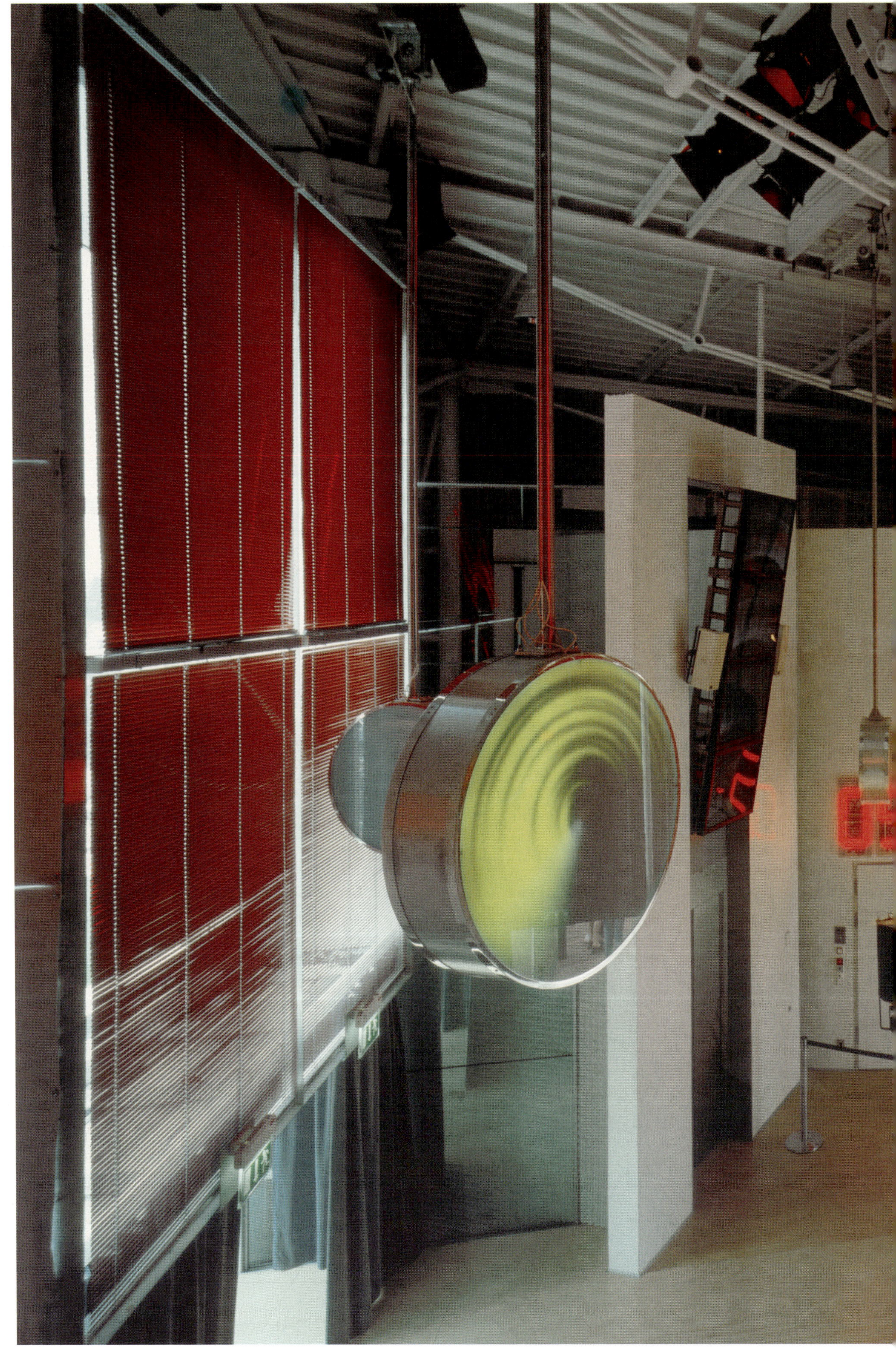

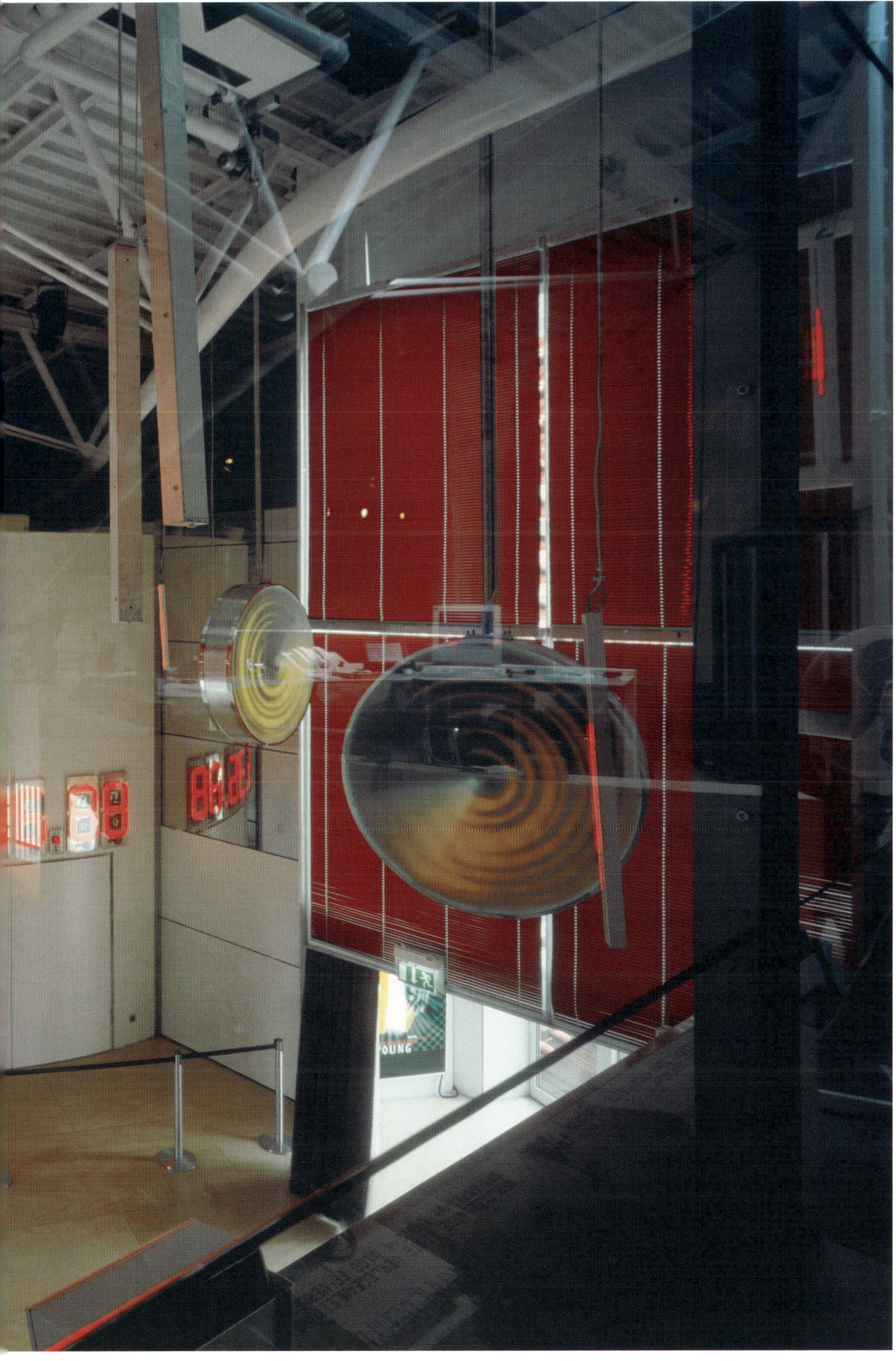

YOUNG

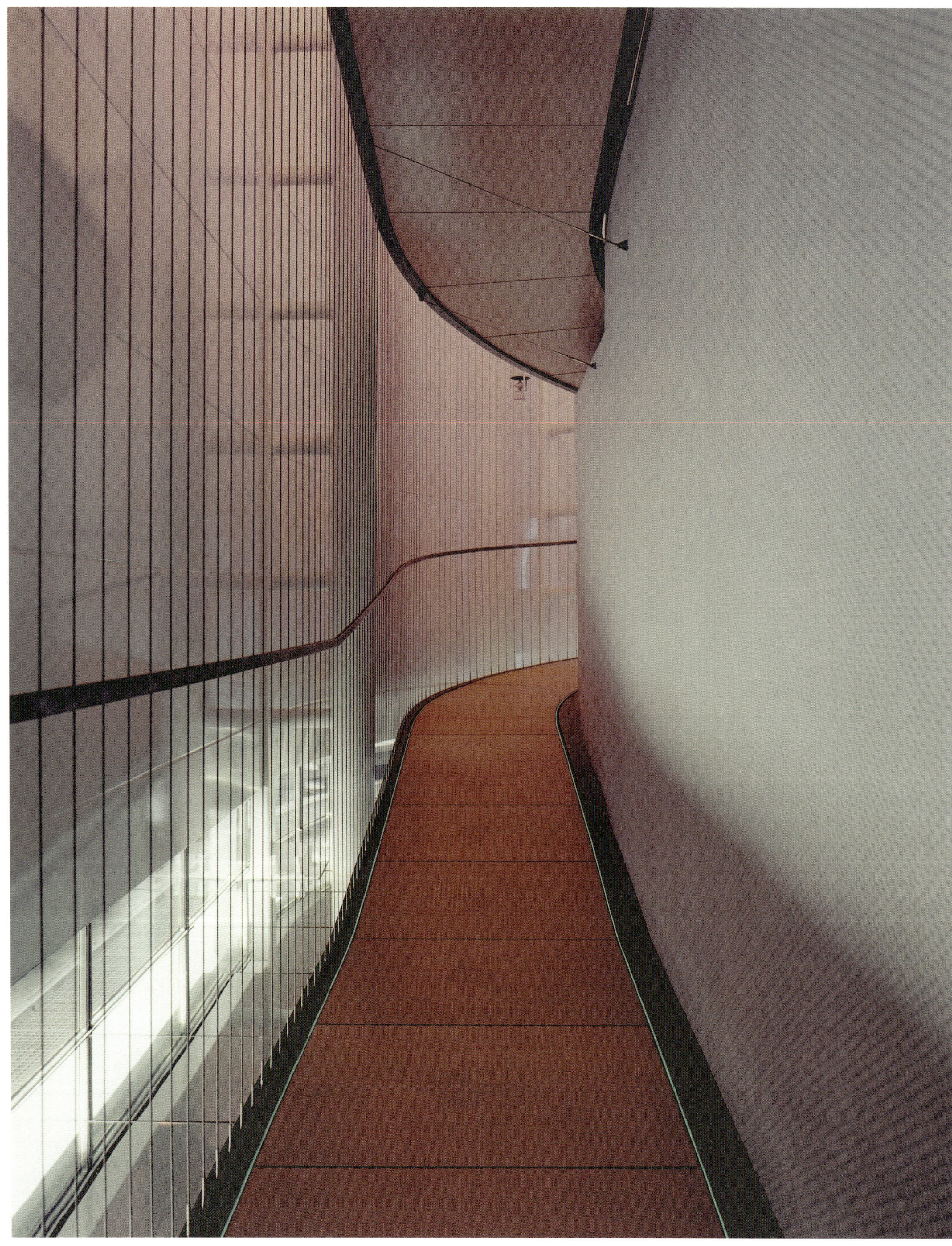

pp. 40/41
16. Vista del vestíbulo en dirección al ciclorama.

17–19. La rampa.

pp. 40/41
16. View from the entrance area towards the cyclorama.

17–19. The ramp.

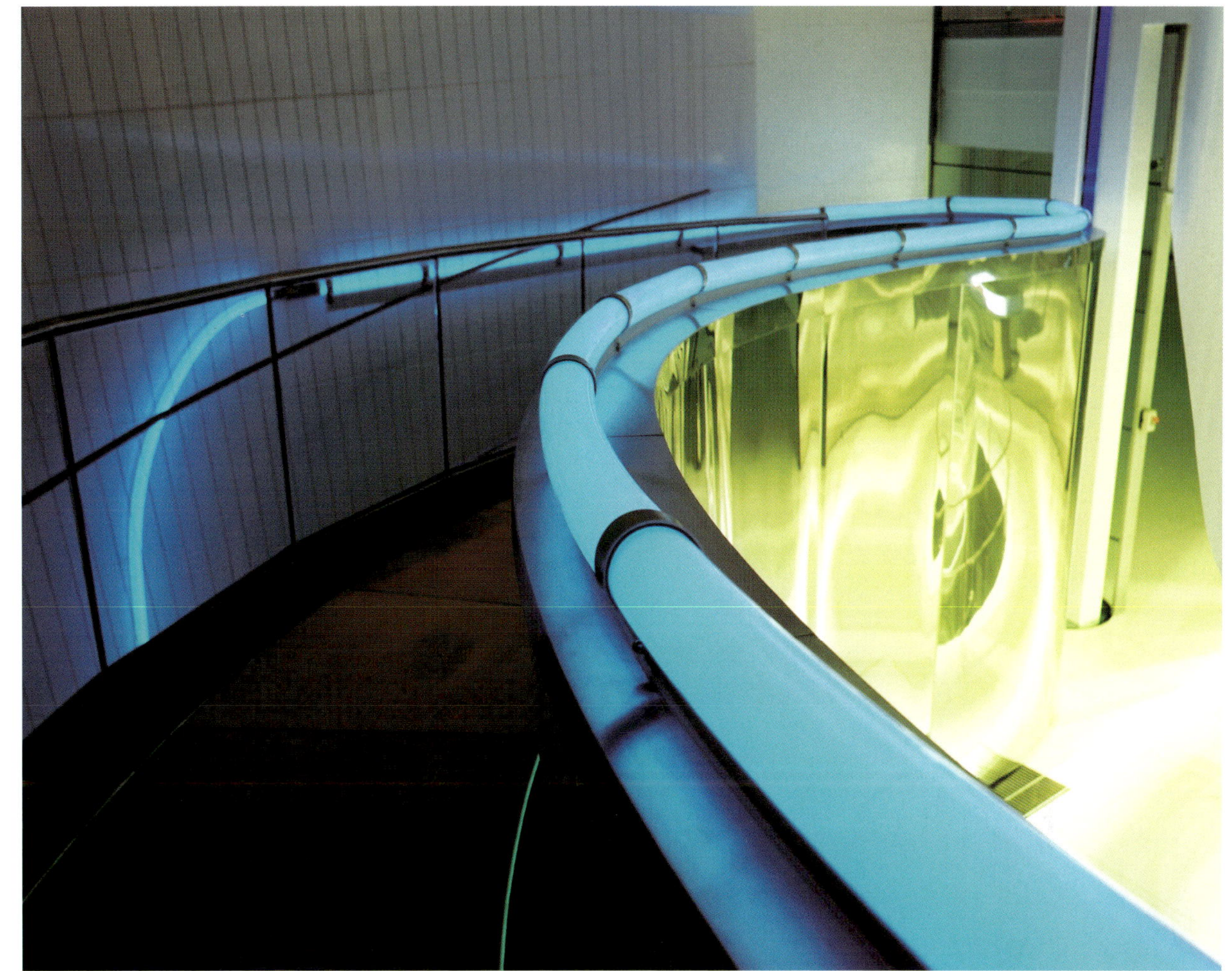

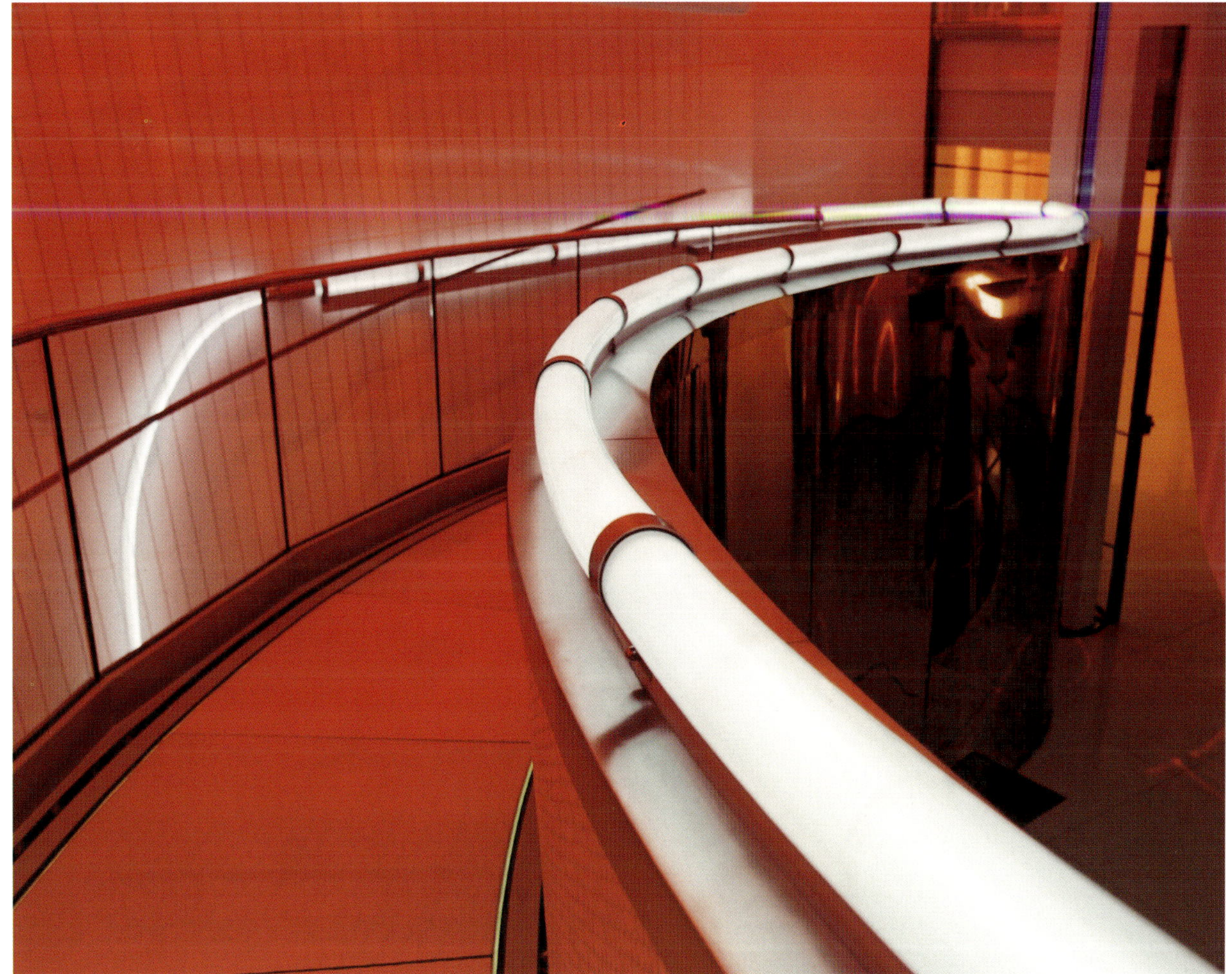

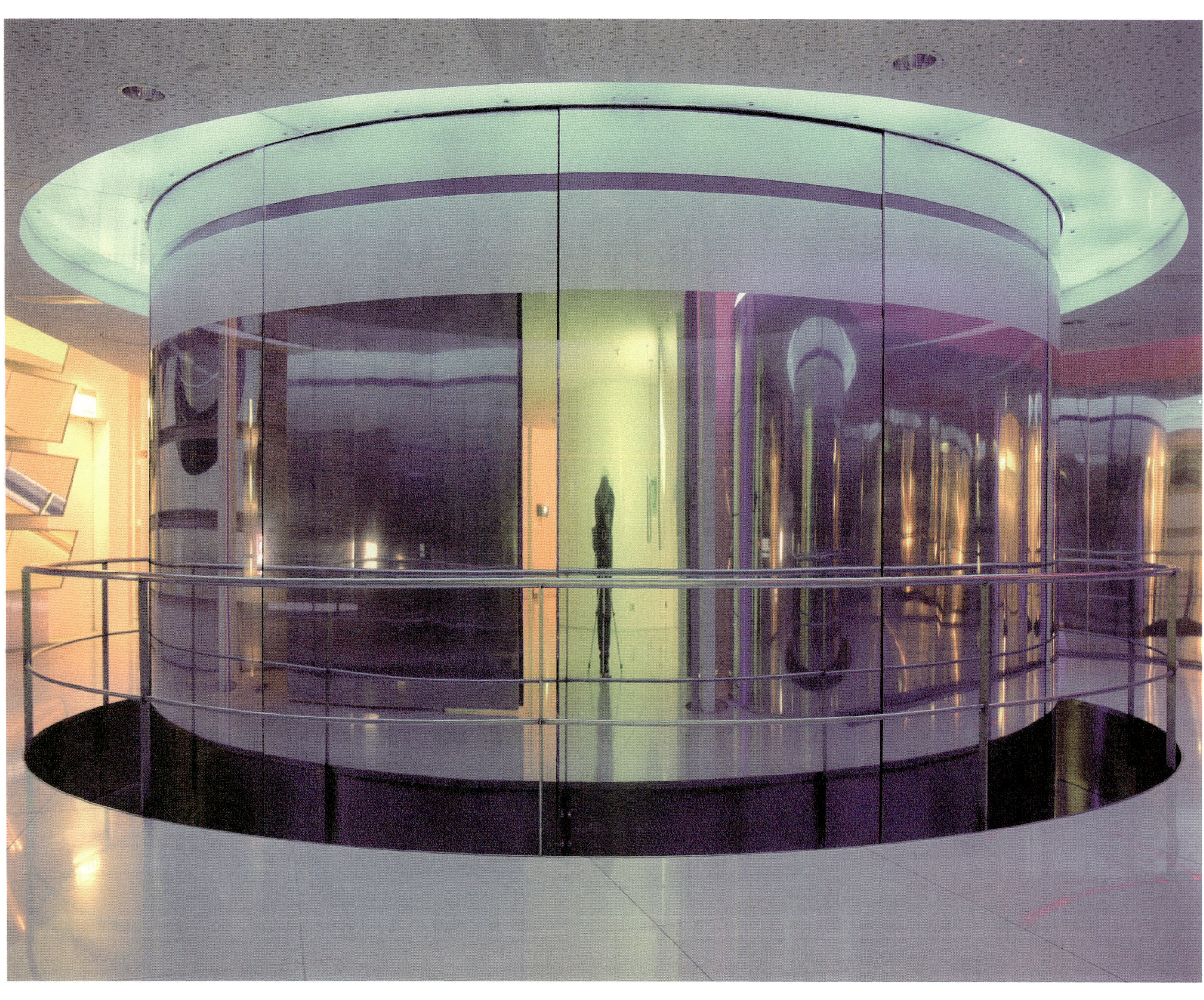

20–22. El salón del prototipo.

20–22. The prototype room.

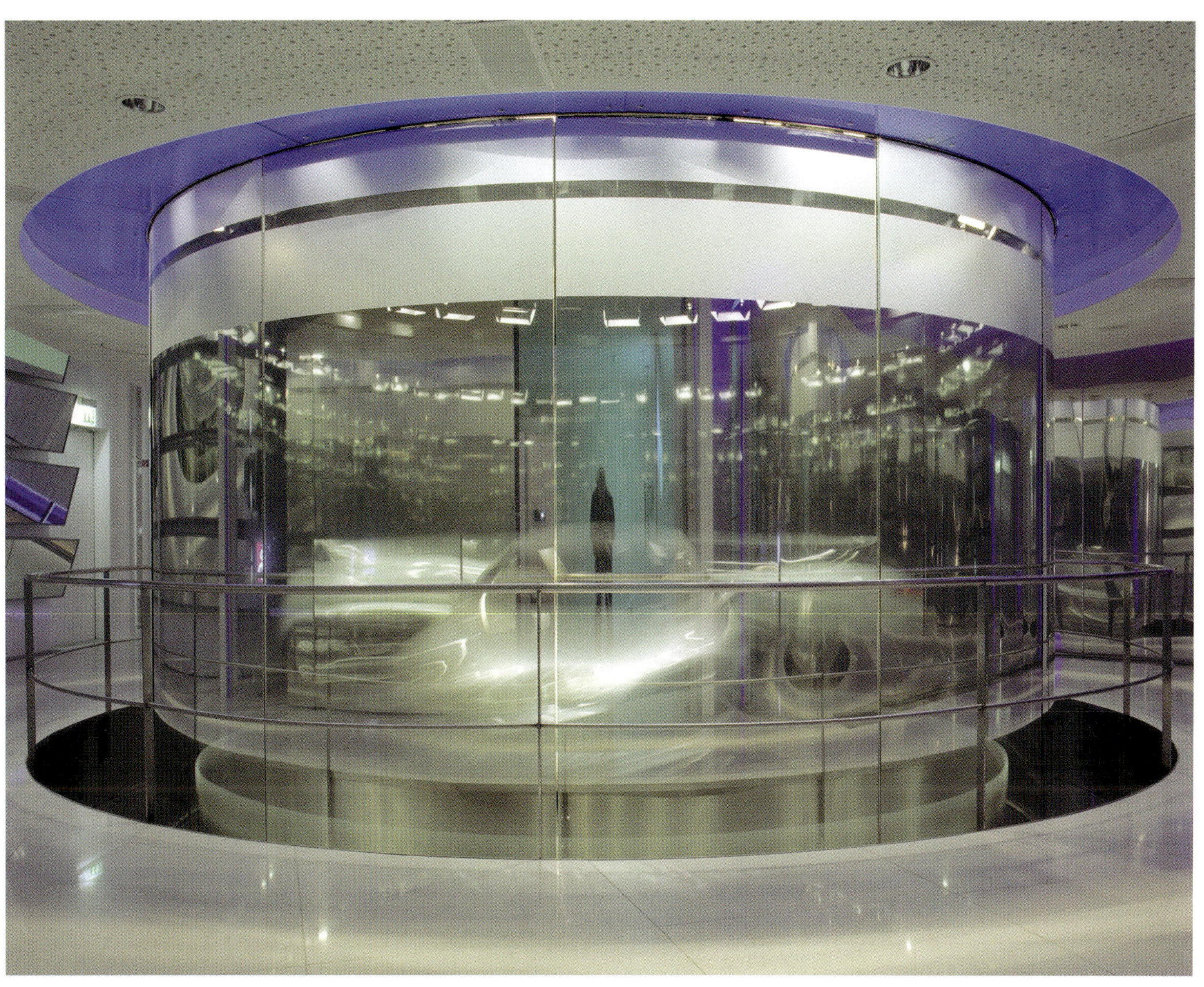

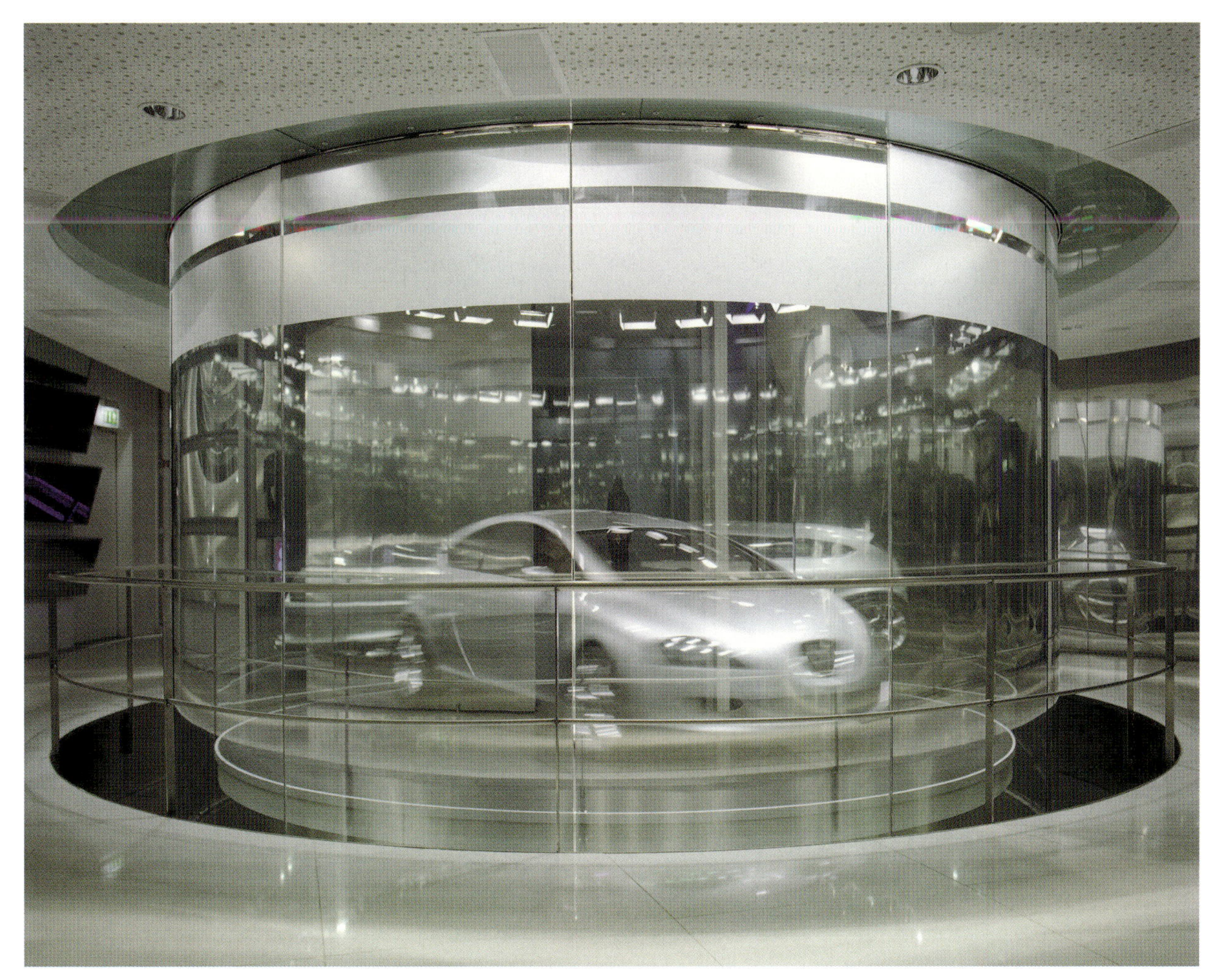

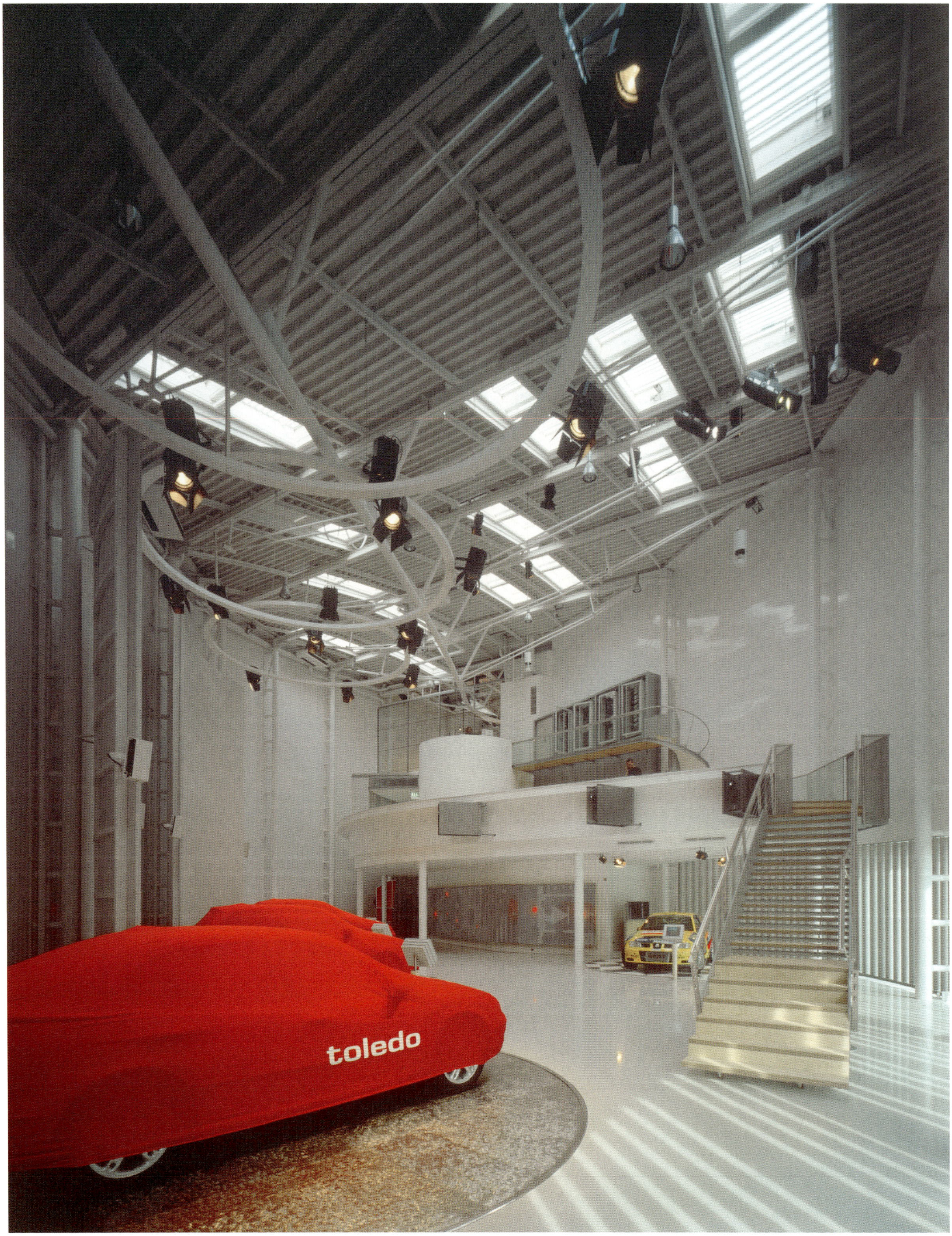

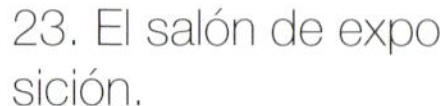

23. El salón de exposición.

23. The showroom.

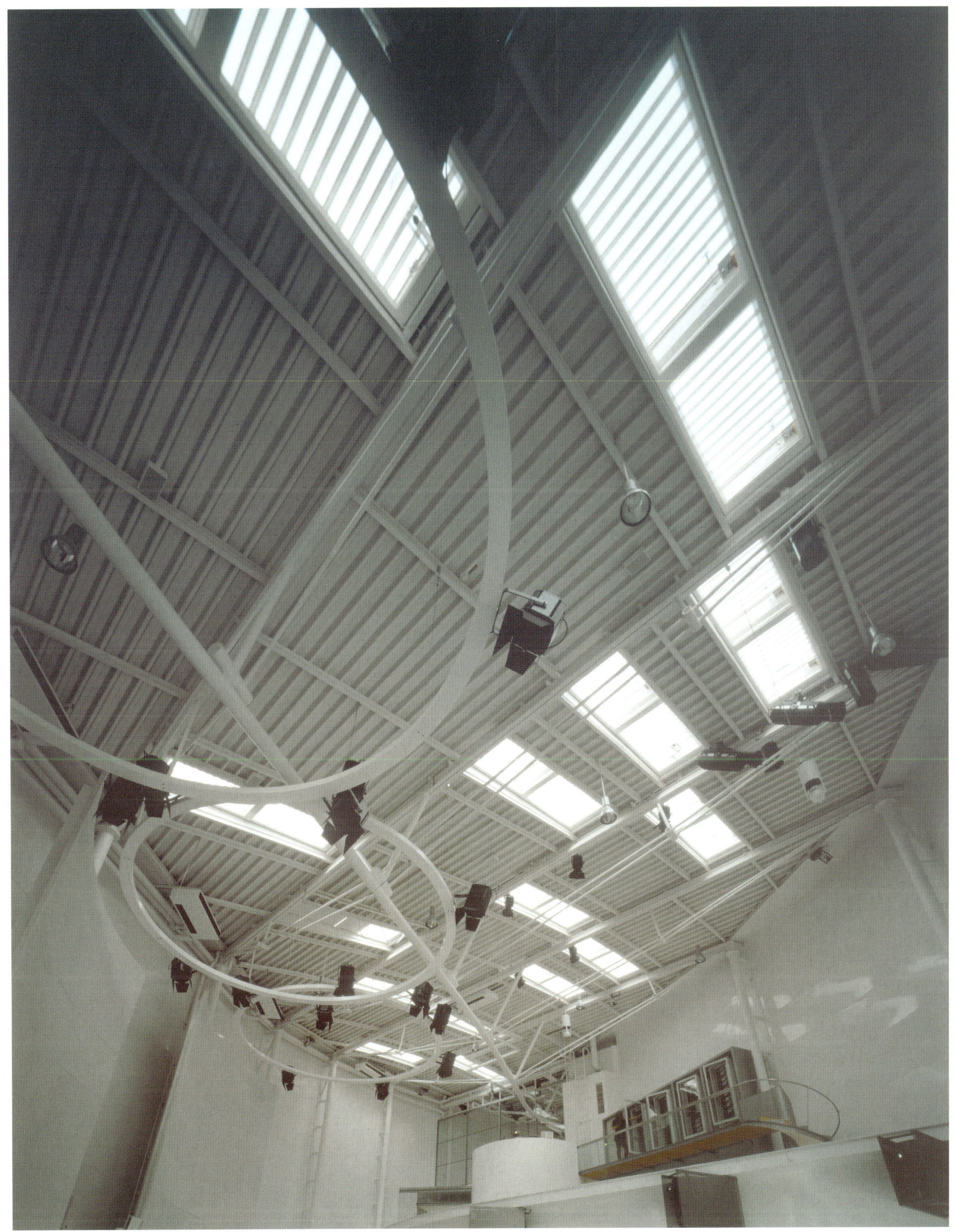

24. La cubierta del salón de exposición.

24. The roof over the showroom.

25, 26. El balcón sobre el primer piso, mirando hacia el salón de exposición de la planta baja.

25, 26. The balcony on the 1st floor looking towards the showroom on the the ground floor.

pp. 50/51
27. Vista general del Pabellón Seat, con el Pabellón Audi a la izquierda y las AutoTürme a la derecha.

pp. 50/51
27. General view of the Seat Pavilion with the Audi Pavilion on the left and the AutoTürme on the right.

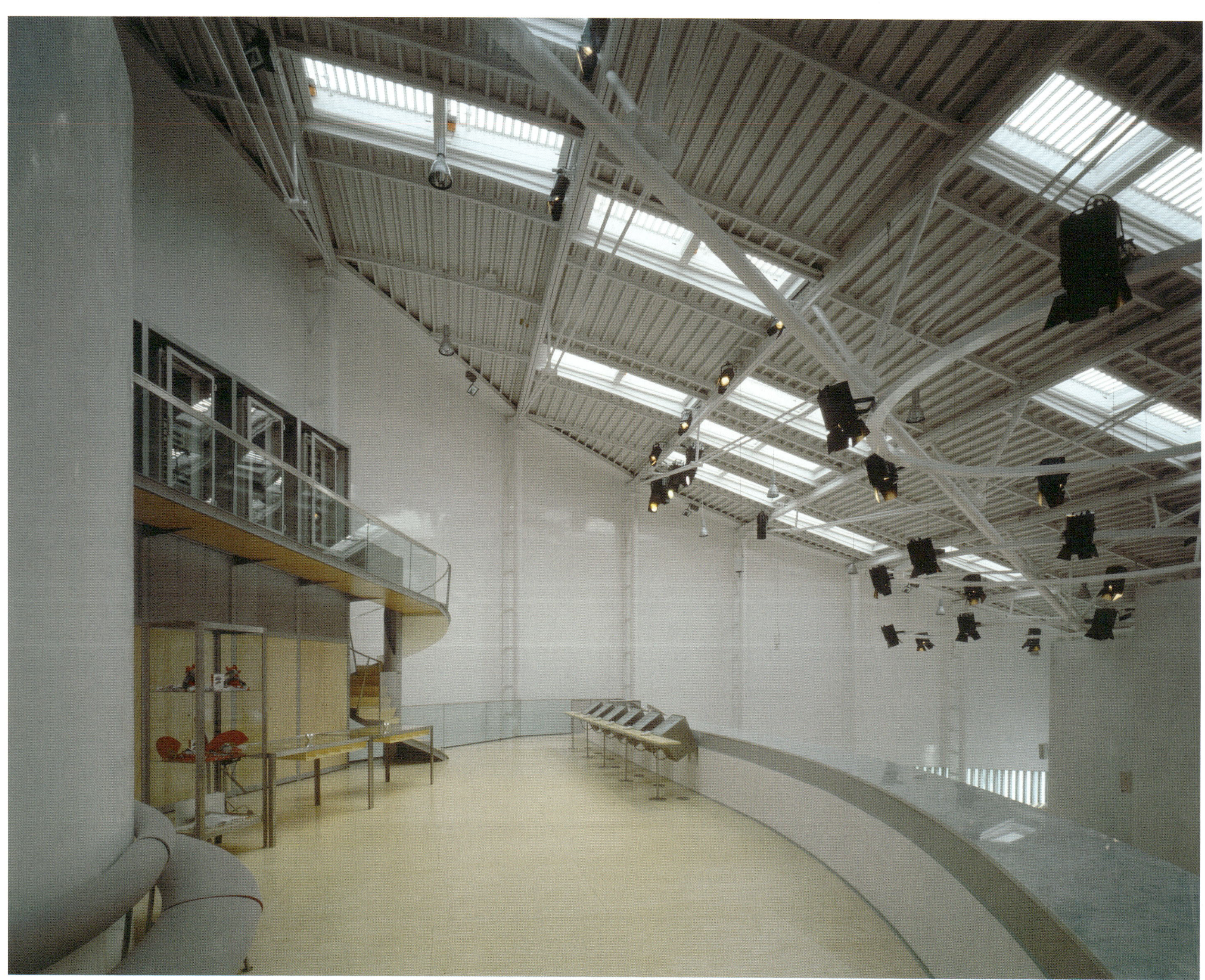

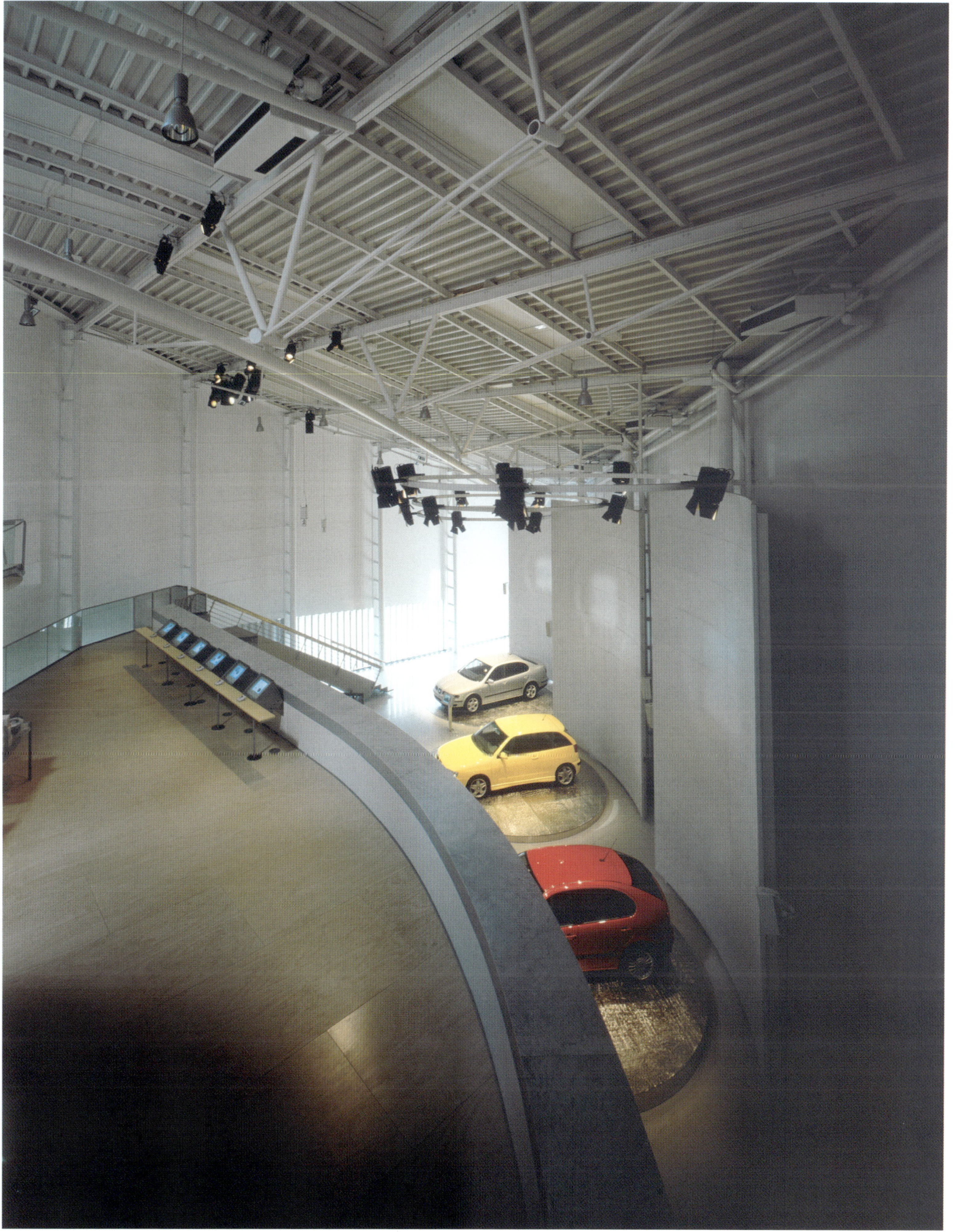

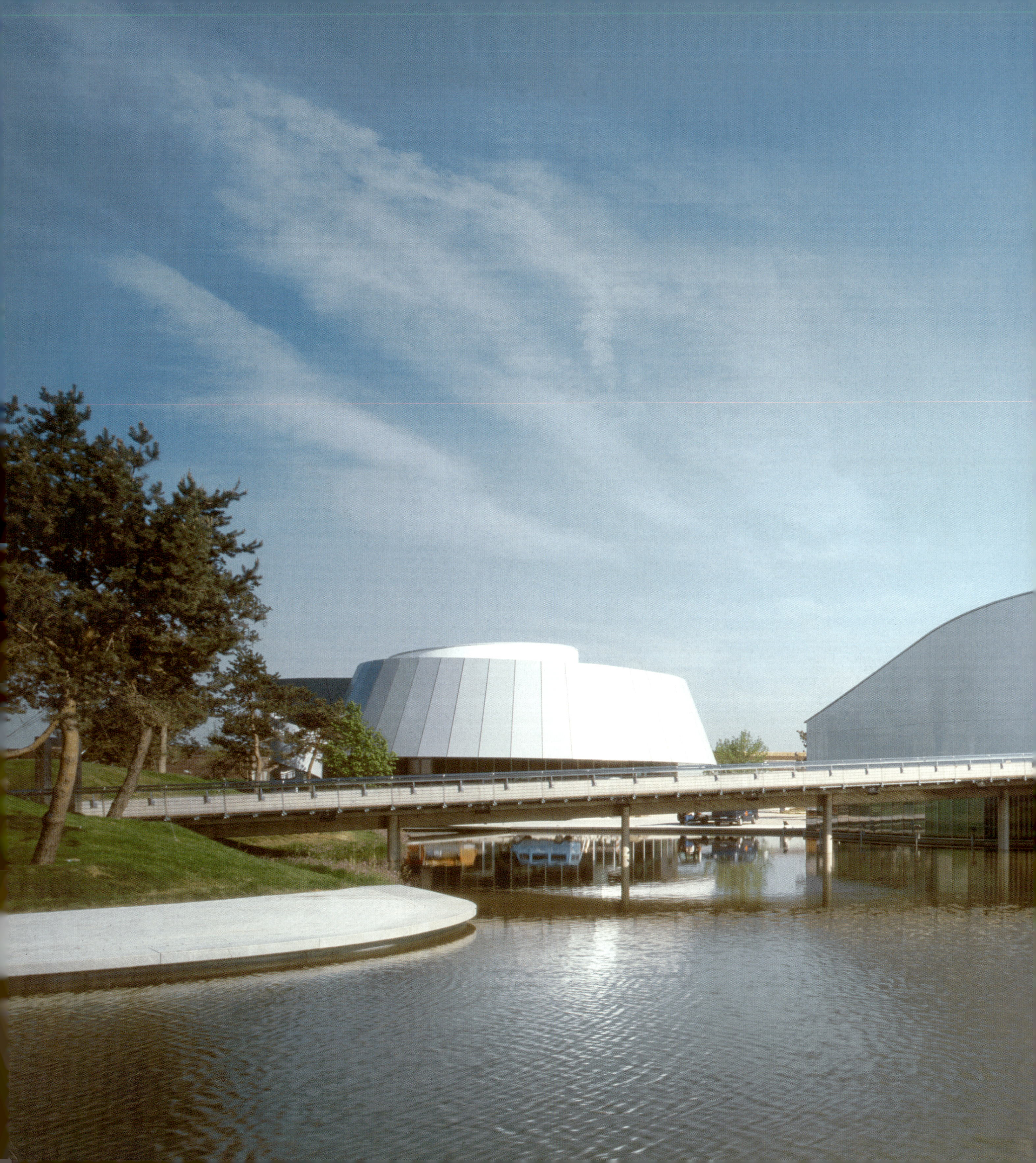

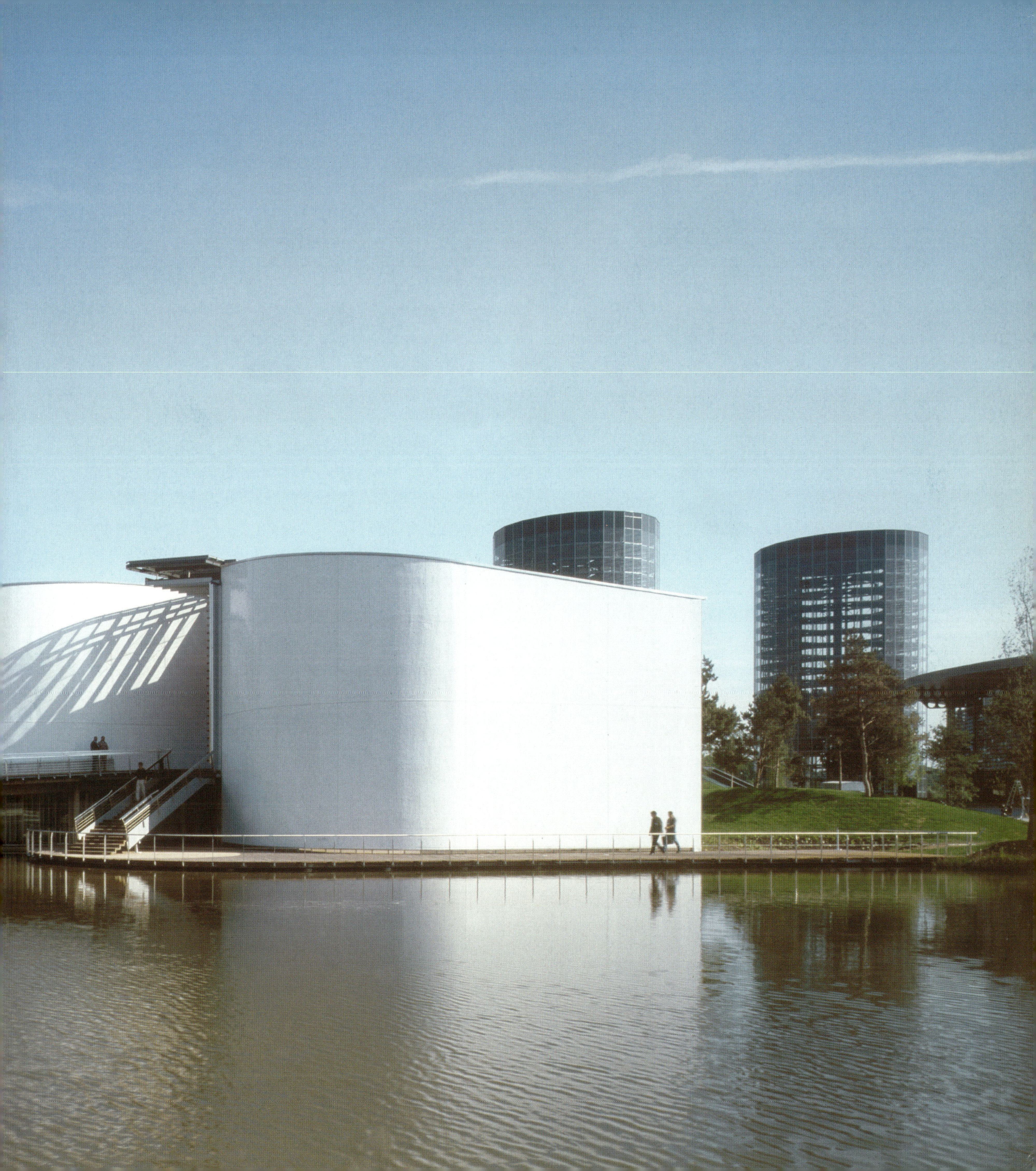

Seat-Pavillon, Autostadt, Wolfsburg

Cliente / Client
SEAT SA, Barcelona

Arquitectos / Architects
Alfredo Arribas Arquitectos Asociados, Barcelona,
in cooperation with Henn Architekten Ingenieure,
Munich
Concepto / Concept: Alfredo Arribas, Xavier Tragant
Equipo del proyecto / Design team: Miguel Morte,
Pedro Luis Rocha, Ellen Rapelius, Gemma Arco, Antonio
Bravo, Encarna Buendia, Anna Claramunt, Cedric Chirac,
Peter Duck, Javier Macias, Enric Palou, Nelia Rosende
Equipo multimedia / Multimedia team: Franc Aleu,
Mariona Omedes, Peret, Jordi Bonet, Mika Vaino,
Roland Olbeter
Maquetas / Models: Oscar Brito, Michael Heim, Beate
Mayerhoffer, Lara Retondini, Alexandra Eltsner
Simulación por ordenador / Computer simulation:
Guillermo Grasso, Urano
Equipo de producción / Production team: Salvador
Pons, Isabel Urpi, Ramon Tetas
Arquitecto supervisor / Supervising architect: Norbert
Schachtner (Henn Architekten Ingenieure)